保身の経済学
われわれはどう行動すべきか?
森永卓郎
MORINAGA TAKURO

まえがき

放送禁止用語はなぜ生まれたか？

「紳士たれ」

サッカーの基本ルールだ。もともとサッカーにはレフリーがおらず、細かいルールも存在しなかった。そのなかで「紳士たれ」という理念だけで、サッカー選手たちは自らを律して、ゲームを進めたのだ。それが少ないスタッフでゲームを進めるもっとも効率的な方法だったからだ。

ただ、「紳士たれ」という理念にもとづくルールは、人によって解釈が異なるし、理念がわかっていながら、それに反するプレーをする選手も出てくる。だから、その後、サッカーには細かなルールが追加され、レフリーも導入されるようになった。

そのことで現代サッカーの秩序は維持されているが、ルールが厳格化されることによって、今度は「ルールを守っていればよい」という認識が広がって、ファウルにならないギリギリのプレーが横行したり、シミュレーションといって、わざと相手のファウルを取りにいくようなプレーまでが登場するようになった。いずれにしても、厳格なルールの策定によって、サッカーがかつて持っていた「品格」が失われていったことは間違いないだろう。

この「ルール社会」の弊害は近年の日本社会にも現れている。それどころか、私はそのことが「失われた30年」の大きな原因になっていると考えている。

とりあえず、1つだけ事例をあげておこう。まず、次の言葉が何か、おわかりになるだろうか。

イカサマ、いちゃもん、板前、ＯＬ、オカマ、確信犯、芸人、強姦、魚屋、スラム、丁稚《でっち》、父兄、未亡人、八百屋、老婆……。

じつはこれらはテレビやラジオで放送禁止用語に指定されている言葉の一部だ。放送禁止用語は政府や業界団体が定めているわけではなく、各テレビ局やラジオ局が独自に決めているものだが、これらの言葉は、各局とも現在ほぼ放送禁止用語になっている。

そのほかに、「部落」や「アイヌ」に関する言葉もほぼ放送禁止だ。さらに、「士農工商」や「出稼ぎ」さえも放送禁止用語になっていることが多い。差別を助長する可能性があるというのがその理由だ。「士農工商」はその後に続く「穢多《えた》非人」を連想させ、「出稼ぎ」は地方の低所得者を想起させるからだというのだ。

最初に断っておくと、私自身は、差別は徹底的に排除すべきだと考えている。私は小学校時代の半分をアメリカとヨーロッパの現地公立校ですごし、筆舌に尽くしがたい黄色人種差別に遭遇してきた。肌の色が黄色いというだけで人権が否定されることの理不尽はいまでも私の脳裏に焼き付いている。

そうした経験からも、メディアが差別をなくすように努力することには全面的に賛成だし、絶対に必要なことだと思う。

しかし、この放送禁止用語の指定が差別をなくすことに寄与しているだろうか。私にはとてもそうは思えない。

波風を立てない最良の方策

もし、本当に差別をなくそうとするのであれば、メディアはそれぞれの差別についてきちんと調査をして、差別が生まれた背景や差別の歴史、そして差別の実態、差別解消への取り組みなどをきちんと報道すべきだ。そうしたことをほとんど行なわず、ただただ差別に話題が及ばないよう防護壁の役割を果たしているのが差別用語の指定なのだ。

差別解消への啓蒙《けいもう》番組を作っても、視聴率はとれないし、スポンサーもつかない。また、下手な形で差別問題に触れると、関連団体からの猛抗議を受けて、その対応に手を焼くことになる。とにかく一切触れないというのが、波風を立てないための最良の方策なのだ。

そうした構造は、最近の有名人の自殺報道にも共通している。

報道の最後に、「悩みを感じている人は『命の電話』に連絡してください」というテロップが入り、簡単なコメントをアナウンサーが読みあげる。

本来であれば、支援策や相談先についての情報提供だけでなく、日常生活のストレスや自殺願望への対処法などをきちんと時間をとって報じるべきところを、報道は視聴率をとるためセンセーショナルな部分だけを取り上げて、最後に免罪符のように「命の電話」の案内が唐突に付加されるのだ。

本質を追究するのではなく、目先の問題が発生しないようトラブルの回避に専念する。それこそが〝保身〟だ。

テレビ局の正社員は、かつての黄金時代に築いた高報酬を基本的にいまも維持している。40代後半で年収は1500万円程度にも達している。その利権を何がなんでも維持したい。だから、本当は必要だとわかっている構造改革や、真実の追究を後回しにして、自らの安全を最優先する。ミクロではいまの自分の立場を守ろうとし、マクロでは現在の体制を守ろうとする。

こうした行動は、テレビ局だけでなく、あらゆる企業、行政、政治の世界に蔓延《まんえん》するようになっている。

読者のみなさんのまわりにも、自らの処遇や地位を守るために、問題を先送りしようとする人がたくさんいるかもしれない。彼らのそうした行動こそが、私は日本社会を低迷させる大きな原因になっていると考えている。

大手メディアで生き残る方法

正直に告白すると、私自身もこれまで一定の「保身」を図ってきた。

あまり踏み込んだ政府批判、とくに財務省の批判を行なえば、自らの身に火の粉が降りかかってくることがわかっていたからだ。

だから、メディアでの仕事に携わるようになってからの四半世紀にわたり、直接的な批判はなるべく避けてきた。それが大手メディアで生き残っていく方法だったからだ。

だが、子どもが完全に自立し、人生の先行きが見えてきたのを機に、私は少しタガをゆるめた。それが2023年5月に出版した『ザイム真理教』（三五館シンシャ）だ。

同書の出版により、案の定、私はテレビの報道・情報番組のレギュラーをすべて失った。

そして、私は覚悟を決めた。財務省に加えて、これまでタブーとされてきたジャニー喜多川氏による性加害問題と日本航空123便撃墜事件を描いた『書いてはいけない』（三五館シンシャ）の執筆に取りかかった。

その執筆の過程で決定的な出来事が起こる。2023年末にステージ4のがんが見つかり、余命宣告を受けたのだ。

これにより、私のタガは完全に外れた。「もう本当のことをすべてぶちまけて死のう」と決意したのだ。

それ以来、私は安全第一の姿勢をかなぐり捨てて、誰にも忖度《そんたく》せず、本当に正しいこと、本当に言うべきことを言うようになった。

2025年に入り、2024年中はなんとか小康状態を保っていたがんが、腹部に転移していることが確認された。私は自らに残された時間をはっきりと意識するようになった。

ただ、世の中は遅々として変わらない。むしろ保身の姿勢は、あらゆる分野で拡大している。それが本書を執筆しようと考えた最大の動機だ。

保身の経済学◎もくじ

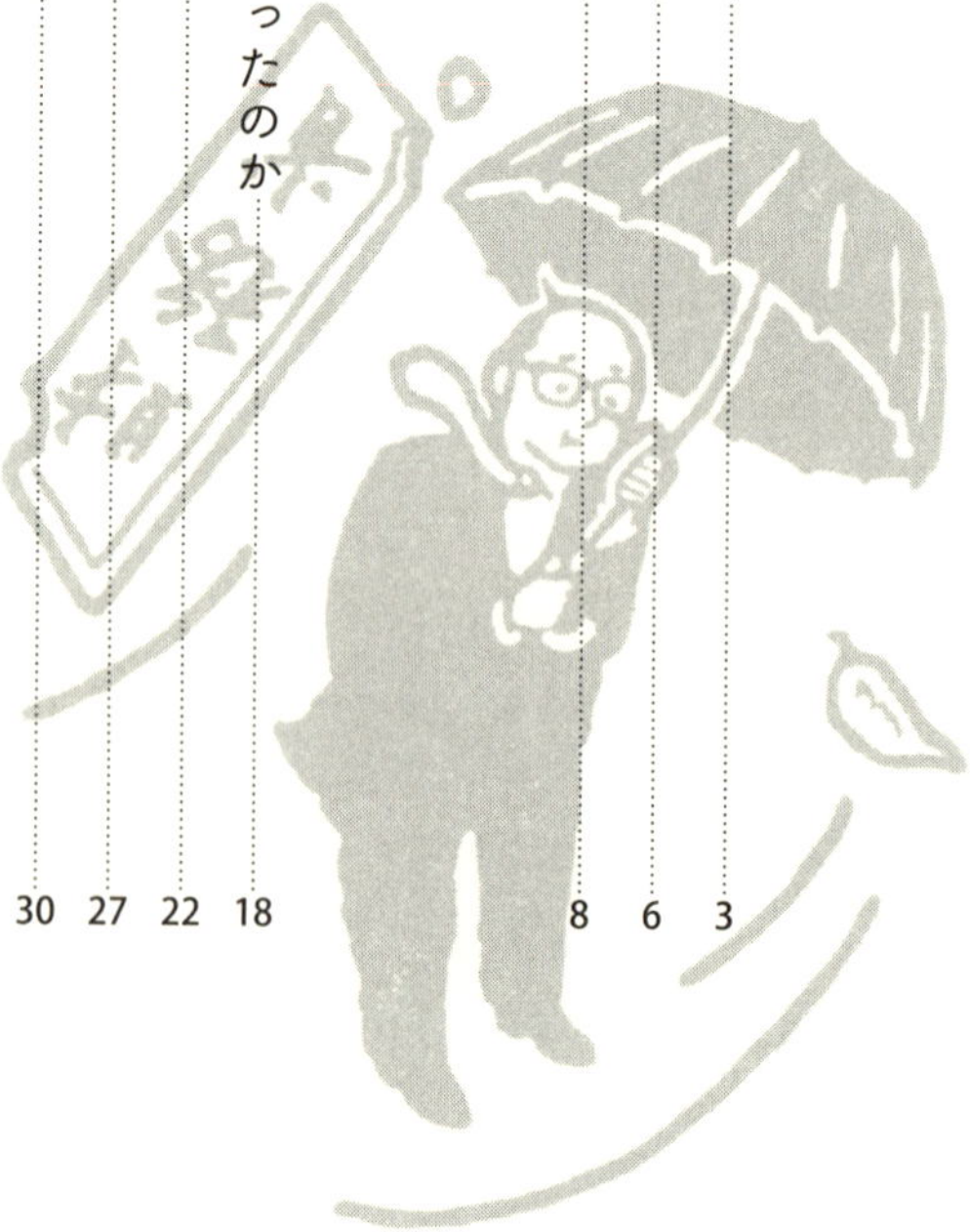

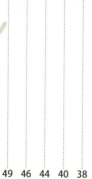

第3章 〝金融村〟の保身

第4章 大手メディアの保身

第5章 ザイム真理教の保身

第6章 立憲民主党の保身

第7章 官僚の保身

第8章 若者の保身

装幀◎原田恵都子（ハラダ＋ハラダ）
イラスト◎大嶋奈都子
本文校正◎円水社
本文組版◎閏月社

第1章

教育現場の保身

なぜ、小・中学校教員のなり手が減ったのか

先日、小学校の教員を定年退職した人と話していたら、しばらく働かずにゆったり暮らすことにしたと言う。

私が「年金だけで暮らしていけるのですか?」と聞くと、彼はこう答えた。

「いまは教員不足なので、臨時教員でよければ、70歳になってもいくらでも仕事はあります。今後、お金が足りなくなったら、また戻ればいいと思っています」

教員不足は統計でも確かめられる。

文部科学省の「『教師不足』に関する実態調査」(2022年1月)によると、2021年度始業日時点の小・中学校の「教師不足」人数(不足率)は合計2086人(0・35%)、5月1日時点では1701人(0・28%)となっている。そして、現場感覚でいうと、教員不足の実態はこの調査の数字を圧倒的に上回ると主張する教諭が多い。

なぜ、教員が不足しているのか?

最大の要因は、教員のなり手が少なくなっていることだ。かつて学校の先生は、憧れの職業だった。だから、教員になりたい人がたくさんいて、教員免許を取っても採用されない人も多かった。その人たちは臨時教員や非常勤講師として働きながら正教員での就職を既卒者として「待機」していたため、正教員が病気などで休業を余儀なくされたときの代役はすぐに集まった。これにより、教員不足が顕在化しなかったのだ。

ところが、最近は待機者自体が減ってしまったため、正教員の休業時の穴埋めができず、教員不足が顕在化するようになったのだ。実際、２０２３年度の公立小学校の採用試験で、既卒者の受験者数は約2万人と、10年前とくらべて半減している。言い方は悪いが、調整のためのバッファーが急減しているのだ。

そのことは、教員選考の選考倍率にも明確に表れている。

次ページの図は、文部科学省が全国68の都道府県・指定都市教育委員会による２０２４年度採用選考の状況をまとめたものだ。

小中高校、特別支援学校などの受験者総数は、11万５６１９人と前年度比で

公立学校教員選考試験の倍率の推移

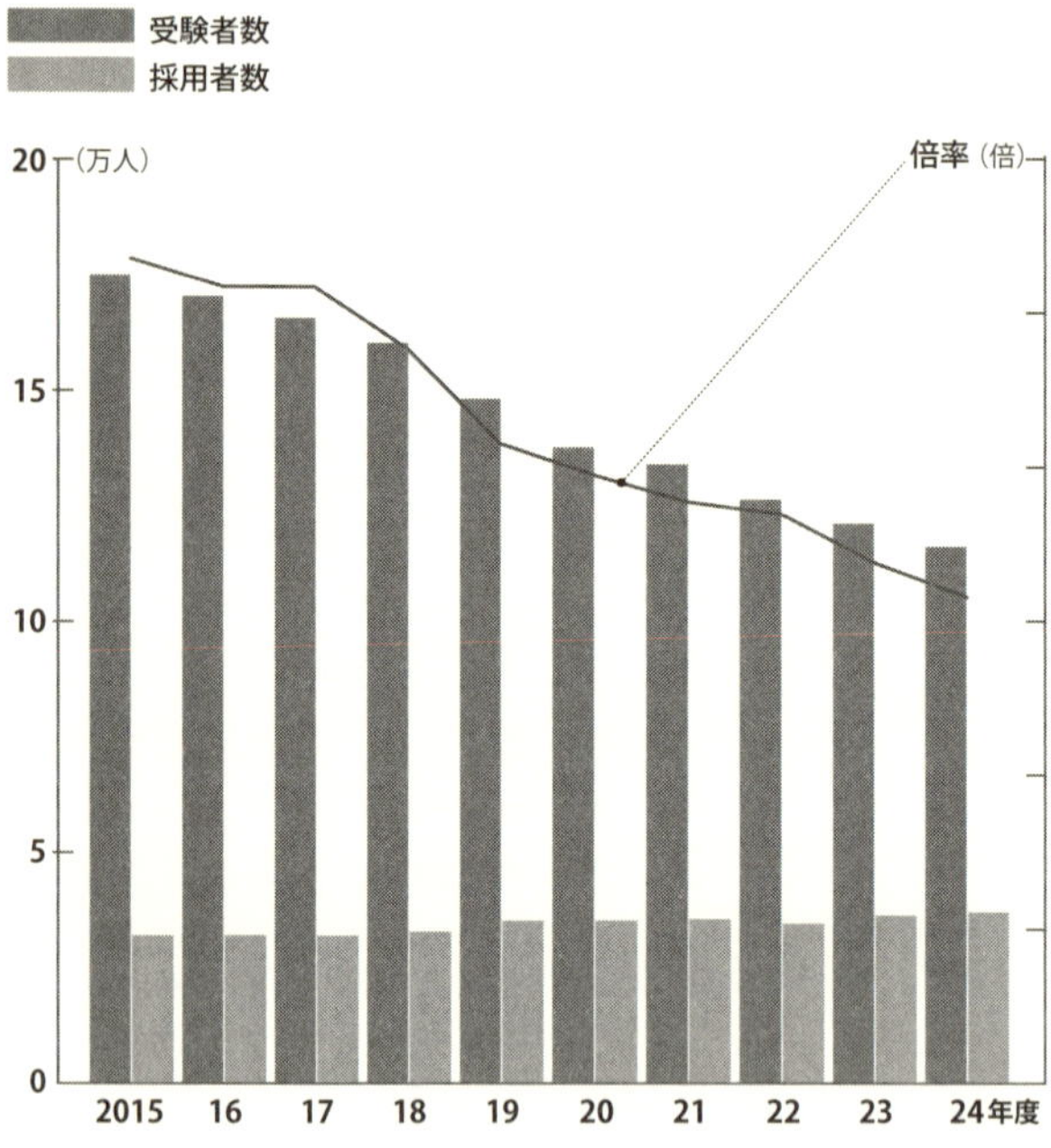

出典：毎日新聞 2024 年 12 月 27 日

5344人減少する一方で、採用者総数は3万6421人と440人増だった。その結果、競争倍率は3・2倍と7年連続で低下し、過去最低を記録しているのだ。

近年、正教員を含めて教諭になることを希望する若者が減った理由は複数ある。たとえば、文教予算の削減で臨時教員の確保が難しくなり、正教員の負荷が大きくなってきたこと、特別支援学級の増加など教育上のニーズにきめ細かく対応しなければならなくなったこと、そして「モンスターペアレント」という言葉に代表されるように保護者からの圧力が強まったことなどがあげられる。

ただ、私自身は、学校教員の労働時間がとてつもなく増えていて、「ブラック労働」と呼ばれるほど厳しい職場に変貌してしまったことこそが最大の原因だろうと考えている。

しかし、教育現場のブラック労働化ということはじつはおかしなことだ。

1人の先生が1つの教室で教える生徒の数は、かつては50人を超えることも珍しくなかった。それが最近では35人学級が基本になっている。

抱える生徒の数が減っているのだから、教諭の仕事はむしろ楽にならないといけない。

それが逆になっている最大の原因は、文部科学省が教員の仕事をマニュアル化し、作業の実施状況をチェックするための膨大な報告をさせるようにしたことだと、私は考えている。

マニュアル化する教育現場

本来、若者たちへの教育というのは、やりがいのある楽しい仕事のはずだ。

しかし、教育がマニュアル化され、自由度が奪われた途端に、教員の仕事はつまらなくなってしまうのだ。

だから、小中学校とくらべて教員の自由度が高い大学教員の場合は、いまでも就職希望者がたくさんいる。

とはいえ、教育のマニュアル化は大学にも押し寄せている。

たとえば、大学の授業では「シラバス」といって、あらかじめ授業の計画書を作って学生に公開することになっている。

かつてのシラバスは、授業全体の目的と内容を記すだけの簡単なものだったのだが、文部科学省の指導によって、現在ではかなり詳細なものを作らないといけなくなっている。たとえば、「受講のルール」の部分では、授業中に守るべきルール、資料配付のルール、課題提出のルール、教員へのコンタクトの方法をすべて記載しなければならない。

「授業の内容・スケジュール」でも、授業の方法、各回の講義で扱う内容、講義を受ける前に行なう予習の内容とその必要時間、講義後に行なう復習の内容とその必要時間、課題の提出方法と提出期限などを書かないといけない。

各回の講義内容は、それぞれ異なったものを書く必要があり、たとえば第1回の講義は「アメリカ経済・その1」、第2回の講義は「アメリカ経済・その2」というような大雑把な書き方は許されない。第1回「アメリカの対外政策」、第2回「アメリカの財政政策」といった形で、具体的内容に踏み込まないといけないのだ。

ところが、私のように「時事経済」を扱っている者にとっては、そうした記述はほとんど意味がない。シラバスを作成してから授業を行なうのは1年以上も先になり、実際に授業をする時点で経済に何が起きているのかを予測することなど不可能だからだ。それでも、文科省のチェックが入るから、書式を埋めるためだけに意味のない作業を続けることになる。

さらに、文科省の意向を受けた大学当局からは教員に対して、たとえば「論文盗用を防ぐために研究倫理を学習せよ」というような指示が来る。教員はこの指示にも従わなければならない。

講習サイトはよくできていて、次から次へとページを飛ばしていくことができない構造になっている。イラストで登場人物があれこれと会話を続けるシーンが延々と続き、1つのパートが終わると、そこでちゃんと読んだかのクイズが出題されて、評価がなされる。不正解だったらもう一度、学習をし直すことになる。だから、研修を修了するにはそれなりの時間がかかる。

ところが、その研修内容といったら、研究者なら当然知っていることばかりなのだ。研修のための研修となっていて、なんの意味もない時間がすぎていく。

これなどはまだかわいいものだ。たとえば、大学が改革のために学部の改編や新増設をしようとした場合には、文科省への申請書や参考資料を積み上げると、身長を凌駕するほどの量になる。

ここで示した文科省による大学の「管理」は氷山の一角だ。

ある大学の教員に話を聞くと、最近はなんでもかんでも、報告、報告のオンパレードになっていて、その事務処理だけでたいへんな負担になっているという。

つまり、教員の膨大な時間が事務作業に奪われてしまっているのだ。

なぜ、そんなことが起きているのか？

その根本原因は、文科省の官僚が「日本の大学のレベルがどんどん下がっている」という批判にさらされた結果、大学教育の質を上げようとして意味のない規制を強化しているからだろう。

少子化によって「大学全入時代」と呼ばれる状態になり、銘柄を選ばなければ、大学入学自体は誰でも可能になっている。高校生が自由に大学を選べる環境下では、当然、大学間に競争が働くから、細かいマニュアルを作る必要などないのだ。教育や研究の内容が劣る大学は、入学者の獲得競争に敗れ、淘汰《とうた》されるからだ。

授業計画も同じだ。授業計画をどう書こうが、そんなものは教員にまかせればよい。それを評価して、どの教授の授業の履修登録をするかは、学生が判断する。そして、学生に選ばれない授業をしている教授は、報酬を下げるなり、クビを切るなりすればよいだけの話だ。

そうすれば、教員は意味のない仕事から解放され、その時間を教育や研究という本来業務に使えるようになり、大学のレベルも上がるのだ。

具体的には、欧米の一部で行なわれている「教育バウチャー」という制度を採用すればよい。

この制度では、優秀な高校生や所得の低い家庭の高校生にバウチャーという一種のクーポン券を配布する。高校生は、どの大学に進学しても、そのバウチャー分の金額を授業料から割り引いてもらえる。当然、バウチャー分の金額は大学の収入となる。

優秀でやる気のある高校生は、大学の研究内容や教育内容をもとに真剣に大学を選別するから、大学はレベルを上げざるをえなくなる。そうしなければ、大学間の競争に敗れて、バウチャー分の収入が得られなくなるからだ。

つまり、文科省がすべき仕事は、自ら大学の質をコントロールしようとすることではなく、優秀な生徒が大学を選べるような仕組みを作ることのほうなのだ。

そんなことは、文科省の官僚もわかっているはずだ。にもかかわらず、意味のない作業を現場に押し付けてくるのは、彼らの保身のためだ。

自分たちは、これだけの仕事をして、教育の質を上げる努力をしているというのをアピールすることで、あたかも仕事をしているかのように振る舞う。

それが教員たちからやりがいを奪い、ひいては教育の質の低下に直結しているのだと私は考えている。

企業が銘柄大学を採用したがるワケ

教育をダメにしているのは文科省だけではない。企業にも重大な責任がある。

たとえば、採用活動だ。

私が勤務している獨協大学の経済学部は、入試の偏差値でいうと、50くらい。つまり、平均的なレベルの大学だ。

その大学のなかで、私のゼミはかなり特殊な教育をしている。2年生になって新しいメンバーが入ってくると、そこから半年、春学期のあいだ、徹底的なプレゼンテーションのトレーニングをしているのだ。

授業のイメージとしては、吉本興業のNSCという芸人養成所に近い。ディベートやブレインストーミングといった一般的なトレーニングに始まり、川柳、三題噺、一発芸などのトレーニングも行なう。

なかでも、学生が一番嫌がるのが「ものボケ」だ。教卓の上に並べたグッズのなかから1つか2つ選んで、それを使ってボケる。それを学生が順繰りに前に出て、90分間、繰り返す。そうすると、1人の学生に十数回、ものボケの順番が回ってくる。5周目くらいまでは、各自の持ちネタでしのげるのだが、その後は完全にネタ切れになる。

そこからが勝負だ。無理やりにでも、ものボケをひねり出す。苦し紛れのボケは当然すべるのだが、落ち込んでなどいられない。すぐに次の順番が回ってくるからだ。

私は「黙るより、すべれ」と言い続けている。すべって、すべって、すべり続けると、どんな状況に置かれても、動じることのない鋼《はがね》の精神力が身につくからだ。実際、春学期の終盤になると、ゼミのなかから任意の2人を選んで、30分だけネタ合わせの時間を与えると漫才ができるようになる。今年も、新入のゼミ生全員が漫才を披露することができた。

そうしたトレーニングをしているから、私のゼミの学生は、就職活動のときに大きな力を発揮する。面接まで持ち込めば、無敵ともいえる能力を発揮するのだ。

それでも、面接の前に大きな壁がある。とくに大手企業の場合、エントリーシート の段階ではじかれてしまうことがあるのだ。

一方、東大や早慶などの大学の学生がエントリーシートではじかれることはまずない。

面接まで行けば、早慶に負けることはないはずなのに、その前の段階で勝負がついてしまうことがあるのだ。

なぜ、大企業の人事担当者は、銘柄（ブランド）大学の学生を採用したがるのか？

それは、人事担当者の保身のためだ。

面接の段階で、私のゼミの学生がとても優秀だというのがわかったとしても、会社に入ったあとに活躍を続けることができるとは限らない。万が一、ポンコツだったとしたら、人事担当者は社内から非難されてしまうだろう。

ところが、採用した学生が入社後ポンコツだったとしても、人事担当者は「銘柄大学の学生を採用したんですけどね」と言い訳ができる。つまり、人事担当者の保身のために、実力ではなく、ラベルによる選抜がなされてしまうのだ。

「大企業」志向の合理性

同じような行動は、企業の人事担当者だけではなく、学生にも見られる。就活時の大企業志向がそれだ。中小企業にも素晴らしい会社がたくさんある。ところが、多くの学生がそうした企業を探し出そうとせず、安易に大企業に就職しようとするのだ。

労働経済学の権威である清家篤教授は、著書の『労働経済』（東洋経済新報社）のなかで、そうした行動にも一定の合理性があると主張している。

労働者も企業もできるだけ情報探索コストを軽減しようとする。そのうち最も効果的なやり方の一つは、過去においてすでに収集済みの情報を使うということである。すなわち、新たなコストをかけずに既存情報を使って情報の不確実性に対処するという行動である。たとえば、学生の就職活動における大企業指向も、既存情報の活用という意味では合理的であるといえる。大学の教師や就職部などが、中小企業にも良い会社は多いのだから大企業にばかりこだわらないように、と指導しても学生たちの大企業指向はなくならない。なぜなら、学生たちはコストをかけて自分たちにとって良い就職先を探索しなければならないが、そのとき大企業を中心に情報探索をすれば情報探索コストを節約できると考えるからである。

このことを図を使って考えてみよう。

次ページの図をご覧いただきたい。図のヨコ軸は「良い会社」の程度を表す指標であり、右に行くほど良い会社であることを示すものとする。タテ軸はその相対頻度（%）である。

ここで、これまでの観察や経験などから、良い企業であること（企業の質）の分布は、大企業と中小企業では図に描かれてあるように異なることがわかっているとしよう。

分布の形は、いずれも平均値q^{ℓ}、q^{s}で、大企業にも素晴らしく良い会社（たとえばq^{ℓ}_{g}に対応する会社）もあれば、良くない会社（たとえばq^{ℓ}_{b}に対応する会社）もある。同様に

学生から見た「良い企業」の分布

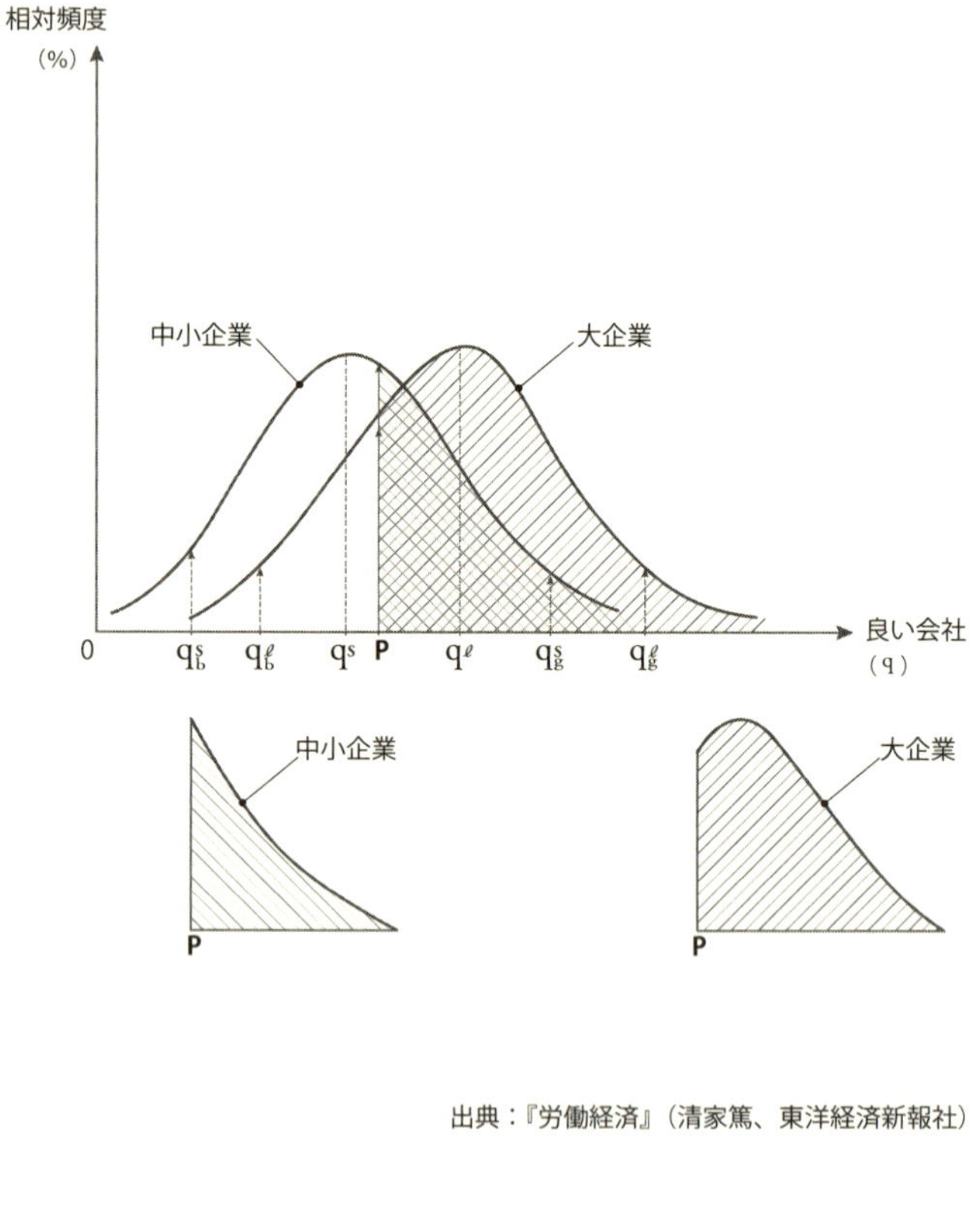

出典：『労働経済』（清家篤、東洋経済新報社）

中小企業にも素晴らしい会社（たとえばq^{s}_{g}に対応する会社）もあればとんでもない会社（たとえばq^{s}_{b}に対応する会社）もある。

ポイントは、２つの分布に差があるということである。

たしかに大企業の分布の左端付近には中小企業の平均よりも良くない会社が存在する。また、中小企業の右端付近には大企業の平均よりも良い会社がある。

しかし、大企業と中小企業の平均値をくらべると明らかに大企業のほうが高い。中小企業の平均値よりも良くない大企業や、大企業の平均値よりも良い中小企業の相対頻度はどちらも低いのだ。

いま、学生は図のｐ以上の質の企業を就職先として探しているとしよう。

大企業をまわれば、図で右上がりの斜線部分の確率（斜線部分の面積／大企業の分布全体の面積）で希望の企業に行き当たることになる。

他方、中小企業をまわると、図で右下がりの斜線部分の確率でしか希望の企業に行き当たることはない。

その意味において、学生にとってより少ないコスト、すなわちより少ない企業訪問で就職してもよいと考える質の企業を見つけるためには、大企業中心の就職活動になることはやむをえない面を持っている。

つまり、学生は就職活動において、「良い企業は中小企業よりも大企業に相対的に多い」という既存情報を利用することで情報探索コストを軽減できるのである。

ただ、清家教授もそうした行動を是認しているわけではない。『労働経済』のなかでもこう述べている。

「労働市場をきちんと機能させるためには、こうした市場の不完全性を是正しなければならない」

それでは、いったいどうしたらよいのか？

私は、企業の人事担当者は「銘柄大学の学生採用」という保身をやめて、本当に優れた学生は誰なのかを、真剣に考えて採用をするべきだと思う。

たとえば、インターンシップの際、学生をある程度の期間観察していれば、その実力はかなり正確にわかるはずだ。

学生のほうも、自分の職業人生の最初の舞台となる会社を、企業規模や知名度で選ぶのではなく、実際に足を運び自らの目で選んでいく。私自身の経験でいえば、数十社もまわるうちに、企業の玄関に足を踏み入れただけで、その会社の社風や経営状態などもわかるようになる。

20年前、私のゼミが開設されたばかりのころ、ゼミ生たちの大企業志向は非常に強かった。

残念ながら、当時は就職氷河期で、超一流企業に就職できたゼミ生はほとんどいなかったのだが、数年前に久しぶりに彼らと会って驚いたことがある。多くのゼミ生が「成り上がり転職」をして、超一流企業の社員になっていたのだ。つまり、当時のゼミ生たちはそれほど一流企業への執着が強かったのだ。

しかし、最近は、様相が一変している。

売り手市場のなかで、卒業と同時に一流企業への就職が可能になっているにもかかわらず、その内定を蹴ってベンチャー企業に就職するゼミ生が増えてきたのだ。

ベンチャー企業は、30万円以上の初任給を出すところが多いのだが、学生を惹きつけるのは、必ずしも報酬だけではない。会社の成長性や、彼らにまかされる責任ある仕事そのものだ。

また、ベンチャー企業への就職と同様に、学生時代に起業する学生もどんどん増えてきている。自分で会社を作れば、大企業に就職して、ブルシット・ジョブ（クソどうでもいい仕事）をする必要はまったくないからだ。
学生の側では就職活動における保身はすでに崩れ始めている。
そろそろ企業側も保身からの脱却が必要なのではないだろうか。

第2章

職場の保身

中高年社員の〝合理的〟判断

「保身」が経済に悪影響を与えている最大の舞台は、間違いなく「職場」だろう。日本では、「解雇権濫用禁止の法理」と「労働条件不利益変更の法理」というものがある。法律の条文に明記されているわけではないが、これまでの判例の積み重ねによって、一度正社員として採用してしまうと、クビにすることも、賃下げをすることもできなくなっている。働く側からしてみると、正社員の地位がとても強い利権となっているのだ。

よほどひどいことをしない限り、会社をクビになることはない。よほどひどい業績でなければ、賃金を下げられることもない。これが日本の会社の実情だ。

ちなみに中高年社員が会社をクビになるとどうなるか?

2022年の厚生労働省「賃金構造基本統計調査」によると、50～54歳の標準労働者（転職経験のない人）の所定内給与は月額47万7000円だ。一方、50～54歳の勤続年数ゼロの労働者（転職したばかりの人）の所定内給与は27万8000円だ。中高年が転職をすると、42%も給与が下がるのが実態なのだ。非正社員への転落を免れ、他社で新しい正社員の仕事に就けたとしても、賃金の大幅な低下は避けられない。

そうした条件の下で、中高年の正社員はどのような判断をするのが合理的だろうか。役員や上司から、実行してもなんの意味もない業務の遂行を求められたとする。たとえば、1円の儲けにもならないばかりか、むしろ会社を大きなリスクにさらすことにもつながるプロジェクトの責任者を命じられた。本来だったら、会社のためにも、従業員のためにも、体を張ってでもプロジェクトを止めないといけない。

しかし、役員や上司は完全にその気になっている。もし、反旗を翻せば、左遷されるか、定年まで冷や飯を食わされるかもしれないリスクがある。一方、唯々《いい》諾々《だくだく》と命令に従って遂行すれば、クビになることも、賃下げになることもない。

そうであれば、後者の選択こそが合理的な判断ということになる。

こうした判断の下、中高年の社員は、命令に従うことを最優先し、定年までの残り時間を大過なくすごそうとする。「休まず、遅れず、働かず」だ。

これこそが職場における保身の姿だ。

以下では、私自身の経験にもとづいて、その具体な事例を見ていくことにしよう。

三和総研で目撃した銀行員の異常な世界

私が中途採用で三和総合研究所に入社したのは1991年、会社が設立されて、まだ6年しか経っていない草創期だった。

三和総合研究所は三和銀行の完全子会社で、三和銀行の調査部とSANMICという三和銀行の融資先が加入する会員制事業を銀行から切り離し、スピンアウトさせることで誕生した。

表向きは、三和銀行創立50周年事業の一環として作られたことになっているが、実態は、創業社長となった松本和男氏を「島流し」にすることが目的だった。

三和銀行の専務を務めていた松本氏は、熾烈な頭取レースに敗れた。勝利した主流派は、松本和男氏を新設するシンクタンクに封じ込めることにした。銀行に残しておいたら、いつ復権するかわからないからだ。三和総研には銀行から調査部への包括委託契約料とSANMICの会費収入が入ってくる。それらは安定収入だから、ゆったりと三和総研で静かな余生をすごしなさい、というのが勝利した頭取側の意図だったのだ。

しかし、反骨精神の塊である松本和男氏はこのことに納得しなかった。

「こうなったら、三和総研を日本一のシンクタンクにしてやる」という思いで、拡大路線を選択したのだ。

最初に取り組んだのはプロパー社員の新卒採用だ。それにより優秀な学生が入社してきたのだが、シンクタンクのビジネスはきわめて専門性の高い仕事で、すぐに新入社員が使えることなどありえない。

そこで松本社長が放った第二の矢がシンクタンク経験者の中途採用だった。私が採用されたのはその戦略のなかだったのだ。

私が入社したとき、三和総研は新卒のプロパーをのぞくと、すべての社員が銀行からの出向者だった。つまり、外見はシンクタンクを装いながら、中身は完全に銀行だったのだ。

それまで銀行の文化を知らなかった私は三和総研に入社して非常に驚いた。そこは軍隊のような組織だったからだ。

入社早々、私は部長と仕事の話をしていた。部長は銀行出身だから、シンクタンクのことなどまったくわかっていない。議論の最中、私が「部長、それは完全に間違っていますよ」というセリフを吐いた途端、銀行からの出向者である主任研究員が血相を変えて飛んできて、私に耳打ちした。

「森永さん、部長に間違っているなんて口が裂けても言ってはダメです。銀行で上司に盾突くとき、最大限の表現は『部長、お言葉ですが……』と下を向くことだけなんです」

その後も、驚くべき軍隊式の組織運営が展開されていった。

経営陣と主任研究員以上の主要メンバーが銀座の中華料理店に一堂に会してのプロジェクトリーダー会議が毎月一度、開かれた。会議のトップは、最高齢のH本部長だった。本部長が会議の冒頭に、こんなあいさつをした。

「これからは高付加価値の報告書作りをしなければならない。たとえば、ある指標が10年で2倍になったとする。みんなは、毎年10%増だと思うだろうが、そうではない。複利計算になるから、年率7%増だ。それでは、その7%をどうやって計算するのか。そのカギになるのがこの計算尺だ」

計算尺をご存じない方もいるかもしれない。計算尺というのは、２本の定規を組み合わせて、片方をスライドさせることでさまざまな計算ができるようにした道具で、複利計算を行なうための「べき乗」の計算もできた。ただ、目盛りを読むことで答えを出すため誤差があり、電卓が一般化した１９８０年代以降はほぼ絶滅してしまった。

複利計算が必要なんてことは、小学生でも知っているし、その増加率はパソコンに数字を打ち込めば、すぐに出てくる。「計算尺」がカギになどなるものか。

私は、あきれてものが言えなかったのだが、もっと驚いたのは、主任研究員が軒並み本部長のご高説を、ごもっともという顔でうなずきながら聞いていたことだ。いまや計算尺など知っている人のほうが少数派で、本部長のご高説が的外れだったのは自明だ。

ほかにもこんなシーンを目にした。部下は上司が吸っているタバコの残り本数をつねに観察している。そして、上司が最後の１本を抜いた瞬間に、新しいタバコを買いに行き、上司に差し出す。費用は自腹だ。

その日、主任研究員のＮ君は、部長が食後の一服をしようと、タバコを抜いた直後、自販機に向かって走り始めた。それが部長の最後の１本だと知っていたからだ。

ところが、N君が走り出すと同時に、そばで食事をしていた本部長が使っていた箸を落としてしまった。自販機に向かおうとしていたN君は踵《きびす》を返して厨房に向かい、新しい箸を持ってくるやいなや本部長に手渡し、その勢いのまま部長の新しいタバコを買いに走った。N君は役職順を見事に遵守したのだ。

クソどうでもいい仕事

三和総研では年に一度、研究員を集めて、合宿が行なわれる。行事がひと通り終わり、宴席になったとき、部長が独り言を垂れた。

「今日は一生懸命議論したから肩がこったな」

それを聞いた主任研究員の（先ほどとは別の）N君が公衆電話に走った。

「いますぐマッサージ師をホテルに派遣してください！」

もちろんその費用はN君の自腹だった。

彼らは、正月になると一家総出で、支店なら支店長、本部なら部長の家に、新年のごあいさつにうかがっていた。

上司に命じられたら、それが間違っていようが、全力を尽くして、命令どおりに行動する。それが私が目撃した銀行員の掟だった。

私は、銀行員は金融のプロだから金融のことをよく知っていると思い込んでいたのだが、それは大きな間違いだった。金融に関する知識は、金融業で一度も働いたことのない私よりも劣っていた。彼らが持っているのは金融知識ではなく、上司の命令どおりどぶ板営業を続ける「根性」だったのだ。

デヴィッド・グレーバーは、著書『ブルシット・ジョブ――クソどうでもいい仕事の理論』（岩波書店）のなかで、生産性を阻害するブルシット・ジョブは、５つに分類されると主張した。

①誰かを偉そうに見せるための取り巻き
②雇用主のために他人を脅迫したり欺《あざむ》いたりする脅し屋
③誰かの欠陥を取り繕う尻ぬぐい
④誰も真剣に読まないドキュメントを延々と作る書類穴埋め人
⑤人に仕事を割り振るだけのタスクマスター

銀行員の仕事は、基本的に①から⑤のうちのどれかだ。

彼らは、たとえばあるプロジェクトが会社の事業になんの役にも立たない仕事だとわかっていても、上司の命令どおりに行動する。ちょっとでも逆らったら、出世が覚束なくなるだけでなく、地の果てに飛ばされる可能性もあるのだから当然かもしれない。これもまた保身だ。

プロジェクトリーダー会議も合宿も、本当の目的は経営幹部の権力の誇示なのだ。そして、自分のやっていることがブルシット・ジョブだと理解していても、銀行からの出向者たちは自ら考え、経営を改善しようとはけっしてしなかった。

三和総研の大改革

「これでは永遠に三和総研は独り立ちできない」

そう考えた私は、松本和男社長に直談判した。

松本社長は、当初から独自の経営理念を掲げていた。それは「ヒューマニズムに立脚したロマンティシズムとリアリズムの両立」というものだった。

「社長のおっしゃる経営理念は難しくてよくわかりません」

「単純なことだよ。キミたちは研究がしたくて、この会社に来たんだろう。だから、そのロマンはずっと追いかけ続けなさい。ただ、この会社は株式会社だから、赤字を出し続けて資本を食いつぶしたら、そこでおしまいだ。キミたちの活躍の舞台がなくなるんだよ」

「それはよくわかります。ただ、クライアントは政策研究になかなかお金を出してくれません。その状態のなかでどうやって収益をあげればいいんですか？」

松本社長は真顔になって、こう言った。

「なんのためにキミを雇ったと思っているんだ。俺はずっと銀行員をしてきたからシンクタンクビジネスのことはよくわからない。どうすればロマンティシズムとリアリズムの両立ができるのかを考えるのが、キミの仕事なんだ」

「わかりました。経営の仕組みを変えてよいということですね」

その後、私は人事評価制度の大改革を断行した。細かいことは『リストラと能力主義』（講談社現代新書）に書いたが、ざっくりと要約すると、

・研究員の業績は本人が稼いだ粗利益のみで評価し、上司の査定は一切行なわない。
・会社は研究員の人事異動を命じない。社内のどの部署、どのチームで働くかは研究員本人が決める。
・研究員の得る報酬は、獲得した粗利の一定割合（歩合制）にする。会社の経営陣や部長から、人事権と評価権を奪った。

こうした改革の結果、研究員はブルシット・ジョブに巻き込まれなくなり、上司にもズケズケとものが言えるようになった。

そして、何より大きかったのは、研究員本人が、自分の所属したい部やチームを選んで、自分のやりたい仕事ができるようになったことで、俄然仕事の効率が上がるとともに、研究能力も向上するようになったのだ。

三和総合研究所は、東海総合研究所と合併してＵＦＪ総合研究所となり、さらにＵＦＪ銀行が東京三菱銀行に事実上の救済合併されたことで、三菱ＵＦＪリサーチ＆コンサルティングと社名を変更したが、いまでは従業員１４００人を抱える日本最大のシンクタンクとなっている。しかも日本で唯一に近い形で、政策研究部門を維持し続けている。松本社長の「夢」が実現したのだ。

偉大な戦略家

私がこれまで読んできた経営書のなかでもっとも感動したのは、２人の経営学者が書いた『ビジョナリーカンパニー』（山岡洋一訳、日経ＢＰ）という本だ。

著者のジェームズ・コリンズ氏とジェリー・ポラス氏は、超一流の地位を長年にわたって維持し続けている企業を「ビジョナリーカンパニー」と名付け、その成功が何によって裏付けられているのかを知るため、比較対象企業との違いを、会社の設立時点から現在まで、徹底的に検証した。

その調査は財務指標にとどまらず、企業の歴史や文化、社長の言動や管理手法などあらゆる面に及んだ。

そして、長期の繁栄の秘訣が、思い切った権限移譲と理念による統治であることを発見した。彼らの結論は、「経営者は時を告げるのではなく、時を告げる時計を作らなければならない」というものだった。

経営層は現場が自由に活動をすることを容認する。しかし、そうやってみんなが好き勝手に行動すると会社はバラバラになってしまう。それを防ぐために、経営者は揺るぎのない経営理念を掲げ、その理念に賛同した社員が一体感を持って、会社を発展させるのだ。

松本社長がやったことは、まさにそのとおりの経営、つまり理念による統治だった。だから、松本社長の理念に共鳴して入社してきた初期のプロパー社員は、いまでも毎年、引退後の松本社長の自宅に集まり、懇談を続けている。

最近、その会合で、あるプロパー社員が、「今度、森永さんも呼びましょうよ。彼は会社発展の最大の貢献者ですよ」と言ったら、松本社長は即座にこう言ったという。

「森永だけはダメだ」

「なぜですか？」と社員が問い返すと、

「俺は森永のことが大嫌いなんだ」と言ったという。

その言葉で私は改めて、松本和男という人の偉大さに気づいた。

ずっと銀行で育ってきた松本社長にとって、銀行員の権力の源泉である人事権と評価権を完全否定する私の経営改革が面白いはずがない。

それでも大嫌いな森永の力を活用する。それは自分のためではなく、会社を発展させるためだ。

保身を図ることしか考えていない一般の銀行員とくらべて、松本社長は一枚も二枚も上手《うわて》の戦略家だったのだ。

第3章
〝金融村〟の保身

金融村は「株価が下がる」と言えない

「日経平均株価は3000円まで下落する」という最近の私の株価予想に、あちこちから非難が殺到している。

「いくら余命いくばくもないとしても、何を言ってもよいわけではない。日経平均が3000円なんてありえるはずがない」というのが主要な批判の中身だ。

その一方、証券会社や銀行、あるいは経済評論家といった〝金融村〟界隈では、日経平均株価が5万円、6万円、10万円と上昇していくという見立てが圧倒的に多い。

〝金融村〟の住人たちは誰もが、この先も株価が上昇し続けると予想しているのだ。

ところが、株価上昇の見立てを表明している人たちと個人的に話をすると、多くの人が今後の株価下落を予想している。正確に集計したわけではないが、本音では、株価下落を予想する人のほうが多いくらいなのだ。

「なぜ、そのことを言わないんですか?」という私の問いに彼らはこう答える。

「株価が下がるなんて言ったら、会社に帰れなくなるじゃないですか」

多くの個人投資家は、少なくとも中長期で見れば、株価上昇が継続すると信じて、新ＮＩＳＡを活用したりして投資に走っている。経済の専門家と言われる人が株価上昇を唱え、政府が「貯蓄から投資へ」と投資を煽っているのだから、ある意味、当然の行動だといえるかもしれない。

しかし、その行動は、老後資金が溶けてなくなるという悲劇を多くの国民にもたらすだろう。

私が株価暴落を予測する、これだけの理由

私の株価暴落予想が、けっしてトンデモ経済理論でないことをまず説明しておこう。

第一は、極端な株価暴落は、過去にも起きているという事実だ。

１９２９年９月３日に３８６ドルだったニューヨークダウは、１９３２年７月８日に40・６ドルまで値下がりした。下落率は89％だ。

一方、１９８９年の大納会で３万８９１５円をつけた日経平均株価は、２００８年10月28日に６９９５円まで値下がりした。下落率は82％だ。つまり、これまでも８～

9割の株価下落は現実に起きているのだ。

暴落の原因は、いずれもバブルの崩壊だ。

現代経済学の巨人・岩井克人教授は、「資本主義は本質的に『投機』によって成立しているシステムだ」と喝破した（『資本主義の中で生きるということ』筑摩書房）。とくに株価は、完全に投機で価格が決まっている。

そのことは古くから知られている。ケインズは、株価は「美人投票の票読みだ」と言った。誰が本当に美人かは問題ではない。世間が「誰が一番美人だと思うのか」という評価を基準として、株価が決まるのだ。

その結果として、本質的な価値を無視した株価が形成される。それがバブルだ。もちろん、バブルは永遠に拡大し続けることができない。一定限度を超えると、バブルは破裂して、株価は一気に下落する。それがバブル崩壊だ。これまでの歴史で破裂しなかったバブルはひとつもないのだ。

生涯をバブル研究に捧げたジョン・ガルブレイスは、バブルの対象となるのは、画期的な商品ではなく、「新奇性のある商品」だとした。

（過去に起きたバブルの）共通点は、目新しい投資物件が登場するということである。ただし、それには一つの重要な条件がついている。一見新しい投資物件であると同時に、その実態が旧来型の商品と本質的には何も変わらないということである。

世界最初のバブルを起こしたオランダでは、チューリップバブルのおよそ一〇〇年後にヒヤシンスバブルが発生している。チューリップもヒヤシンスも、当時は新しく導入された新品種であった。その意味で新奇性があったことは事実であるが、それが投資の対象となるほどの新奇性ではないことは明らかであろう。

ジョン・ローのロワイヤル銀行も、目新しく見えたのは、ルイジアナの金鉱を開発するミシシッピ会社の株式公開を銀行券の発行とセットしたことであった。裏づけを持たない銀行券の乱発という手法自体は、昔からある実に陳腐なものだったのである。

イギリスで起こったサウスシーカンパニーの株式に対する投機は、株式自体が目新しい金融商品となった。サウスシーカンパニーの株式を買っておけば確実に儲かると民衆が信じ、誰も彼もが株式投資に熱中した。そのなかには、万有引力を発見したアイザック・ニュートンまで含まれていた。そして、サウスシーカンパニーの真似をした会社が次々に登場し、株式ブームに拍車をかけたのである。
しかし、イギリスにおいては、株式自体は一〇〇年以上前から存在しており、株式自体が目新しい存在ではなく、新奇性は必ず儲かるという噂にあったのである。
（『バブルとデフレ』森永卓郎著、講談社現代新書）

1920年代のアメリカは、黄金時代と呼ばれ、「ニューエラ（新しい時代）」がやってきて、アメリカ経済の繁栄は永遠に続くと人々は浮かれていた。アメリカの自動車と家電製品が、世界を圧倒的にリードするほど強い国際競争力を持っていたからだ。

日本でも1920年代のタクシーは「アメ車」だった。ウエスチングハウスの冷蔵庫、ゼニス社のラジオは世界中の憧れの的だった。その競争力を背景に、アメリカの自動車や家電産業にはとてつもない株価がついていった。

しかし、いくら実力があっても、本質的な価値をはるかに上回る株価は維持できない。

そして、1929年10月24日の暗黒の木曜日、市場開始早々にゼネラルモーターズに大量の売り注文が入り、そこから大暴落が始まったのだ。

ここでも重要なのは、自動車が「画期的な」新商品ではないという事実だ。世界初のガソリン自動車をベンツが発売したのは1886年のことだ。自動車は、40年も前の技術のものだったのだ。

今回のバブルは、GAFAM（グーグル、アマゾン、フェイスブック、アップル、マイクロソフト）と呼ばれるアメリカのIT企業の株価が上昇する「ドットコムバブル」から始まった。

そして、それが限界に達すると、今度はEV（電気自動車）にテーマが移った。だが、実際にEVが普及し始めると、高コストや気温の下がる冬場の充電がうまくいかないこと、さらに必ずしも環境対策につながらないことなど、問題が噴出し、メッキは剝がれてしまった。そのため、たとえばメルセデスベンツは一度発表した全面電動化の看板を下ろして、ガソリンエンジン継続の方針を打ち出した。

すると今度は投機の対象が自動運転に移ることになった。

自動運転には、AI（人工知能）が必要だということで、AI開発を行なう企業の株価が上昇し、さらにＡＩには大量の半導体が必要だということで、投資の対象が半導体製造企業に移った。

最近では、そのなかでも高い技術力を持つエヌビディアという半導体企業に投資が集中し、エヌビディアの株価が世界の株価を牽引するという状況になっている。また、直近では宇宙開発への期待が高まっている。

しかし、冷静に事態を見つめてほしい。インターネットが開発されたのは１９６０年代のことだ。電気自動車に関しては、１８３０年代にスコットランドの発明家ロバート・アンダーソンが世界初の電気自動車を発明しており、日本でも終戦直後には複数の自動車会社が電気自動車を発売している。

ＡＩについても、日本の家電メーカーは１９９０年代には「インテリジェント家電」という名で家電製品にマイクロコンピュータを組み込んで、さまざまな判断を家電製品自身が行なえるようにしている。

エヌビディアの繁栄はあと数年の命

半導体についてはもっと極端だ。私は1964年にアメリカに留学した父に連れられて、ボストンに住むようになった。あるとき父は日本から持参したソニーの小型トランジスタラジオを聴きながらボストンマラソンを見ていた。

そこにアメリカ人が集まってきて、「そのラジオはなんでそんなに小さいのだ？」と聞き、父が「これはトランジスタラジオといって、中に半導体が入っているから小型化が可能になったんだ」という話をしていたのを鮮明に覚えている。

つまり、半導体は50年も前の技術なのだ。

宇宙開発についても、アポロ11号が月面着陸に成功したのは1969年で、これも50年以上前のことだ。

一般の投資家は、画期的な新技術のことなどわからない。だから、彼らの心に響くテーマは、すでに普及した古い技術を一見新しく化粧直ししたものばかりなのだ。

さらに今回のバブルのテーマはとても筋が悪い。

たとえば、エヌビディアの時価総額は、日本のGDPと肩を並べるほど大きくなっているが、半導体の価格は中長期では半端でない下落をする。

私が初めてパソコンを買った1982年とくらべると、D－RAM（書き換え可能なメモリ）の価格は100万分の1以下に下がっている。つい最近まで半導体市場の花形だったインテルはいまや見る影もない。つまり、エヌビディアの繁栄もせいぜいあと数年の命である可能性が高いのだ。

宇宙開発の場合はもっと悪質だといえる。いま日本の宇宙ベンチャーの多くは、月面で人類が暮らせるようにすることをテーマにしている。

だが、そのためには、月面で空気を作り、水を作り、食料を作らないといけない。当然、とてつもないコストがかかる。

そんなことをするよりも、いま日本では少し田舎に行くだけで、豊かな水ときれいな空気がただで使える土地が二束三文でいくらでも手に入る。莫大なコストとリスクをかけて宇宙に行く必要がどこにあるのだろうか。

最近、私は、「宇宙開発」を唱える人に出会うと、「この人は詐欺師ではないのか」とついつい疑ってしまう。そう遠くない未来に、宇宙開発バブルがはじけるのは必至だ。

バブル崩壊の予兆

バブル崩壊の予兆は、もう１つ現れている。

２０２４年の終盤から、ドイツの連立政権の崩壊、フランスの内閣総辞職、半世紀以上続いたシリアのアサド独裁政権の崩壊、韓国大統領の弾劾訴追、日本の与党衆院過半数割れといったこれまでのトレンドと異なる大きな変化が世界各国の政治に生じている。

そして、２０２５年１月にはトランプ大統領の再登板だ。一部の評論家は、第三次世界大戦はすでに始まっているとしている。

そうしたなかでも、アメリカの株価は最高値を更新し続けている。

ナチスドイツがフランスに侵攻し、パリを占拠したとき、パリのダンスホールは踊りを楽しむ人々で満員だったという。株価上昇に気を良くして、陶酔的熱狂に陥っている世界の投資家がまっさかさまに地獄へ落ちていく時期はそう遠くないだろう。

一般の投資家が陶酔的熱狂に浮かされるのは仕方がないとしても、商品を売る金融村の人々の頭の片隅には必ず株価暴落の危惧があるはずだ。

しかし、彼らは絶対にそのことを口にしない。そんなことをしたら、金融商品が売れなくなってしまうからだ。

本来であれば、金融村の住人は、顧客の資産を守り、増やすことが使命のはずだ。しかし、彼らは自らの保身のために、真実から目を背け、顧客を大きなリスクに晒し続けている。

アメリカの投資銀行リーマンブラザーズ証券は、かつてCDO（債務担保証券）というインチキ金融商品を開発し、世界中の金融機関に売りまくった。

「理系の有能な人材が金融工学という高度な数学を使いリスクコントロールをしたため、ローリスクかつハイリターンの商品の開発に成功した」という触れ込みだった。金融を少しでも学んだ人だったら、それがウソだということはすぐにわかるし、何より商品を売る側は百も承知だったはずだ。

それでもリーマンブラザーズ証券の社員は、顧客の利益よりも自らの利益（＝保身）を優先させた。

案の定、CDOは大暴落して紙くずになり、リーマンブラザーズ証券は経営破綻し、従業員は軒並み破産者となった。それだけでなく、経営破綻の影響は世界中に広がり、「リーマンショック」として世界中を金融危機に陥れたのだ。

いま世界経済は、そのとき以上の危機に直面している。それなのに金融村の住人も、評論家も、政府も、政治家もけっしてそのことを口にしない。そのなかで株価だけが上がっていく。

「山高ければ、谷深し」

〝金融村〟の保身は、資本主義を根底から破壊するほどのツケをもたらすだろう。

第4章 大手メディアの保身

『ザイム真理教』ベストセラー後の意外な〝効果〟

私が『ザイム真理教』を上梓したのは、2023年5月のことだった。

財務省の強烈な財政引き締め政策によって、日本の財政は、実質的に借金がなくなり、財政収支もほぼ均衡していて、世界一健全な状態になっている。にもかかわらず、財務省は増税一辺倒の政策を続けている。それは、財務省がカルト教団化し、マスメディアや評論家たちにありもしない財政破綻の恐怖を語らせることで、教団の最大の教義である増税を国民が受け入れざるをえない空気を作り上げたことが原因だと指摘した書籍だ。

そもそもこの本は出版社からの依頼にもとづいて書いたものではない。私自身が財務省の下僕として働いてきた40年を超える経験を踏まえ、財務省の行きすぎた緊縮政策への抗議の気持ちから筆をとったもので、脱稿時には出版社が決まっていなかった。

とはいえ、私はそれまでに100冊以上の書籍を出してきて、編集者ともそれなりの付き合いがあり、最近出した書籍はすべて増刷になっていたから、正直いって引き受け先についての心配はしていなかった。どこかがやってくれるだろうと気安く考えていたのだ。

ところが、脱稿した原稿を大手出版社に送ったところ、出版不可という答えが返ってきた。そのときも次を探せばよいくらいに考え、深刻に受け止めてはいなかった。2社目、3社目に断られ、私は焦った。それ以降も、声をかけた出版社は軒並み断りを入れてきた。どこに送っても、出版はできないというのだ。

行き詰まった私は、一縷の望みを託して三五館シンシャの中野長武社長に原稿を送った。１００冊以上の書籍を出してきた私が新人のように、一面識もない出版社に原稿を持ち込んだのだ。

中野氏は出版を即断してくれた。こうして刊行された『ザイム真理教』は２０２５年1月現在20万部を超えるベストセラーになった。

その一方、同書の刊行以降、私はテレビの報道・情報番組のレギュラー出演をすべて降板させられた。

その後、続けざまに三五館シンシャから『書いてはいけない』という書籍を出版した。

1985年8月12日の日本航空123便の墜落は、事故によるものではなく、自衛隊機による撃墜であり、その原因を機体の修理を行なったボーイング社にかぶってもらったため、日本はアメリカにとてつもない借りを作ることになった。そのことが日本経済が長期低迷に陥る大きな原因になっている――そう主張する書籍だ。

こちらの本は2024年3月の発売直後から大きな反響を巻き起こし、2024年の大手取次の年間ベストセラーにもランクインするほどのヒット作となり、30万部を超えた。

その反面、出版後、私は情報・報道番組のスポット出演すら失った。

2作の内容からして、ある程度覚悟はしていたとはいえ、これだけきれいに〝効果〟が現れるとは思っていなかった。

出版不況のなか、これだけ本が売れれば、テレビや新聞の書評コーナーで大きく採り上げられたり、著者インタビューの依頼が来るのがふつうだ。実際、2003年に出した『年収300万円時代を生き抜く経済学』（光文社）がベストセラーになったときには数えきれないくらいの取材依頼が殺到したし、さまざまな書評でも取り扱われた。

ところが、今回の本はすべての大手メディアから黙殺された。唯一きちんと採り上げてくれたのは、タレントの宮崎美子さんが個人で運営している書評のユーチューブだけだった。

なぜ、大手メディアは、私を出演者から排除したり、私の著作を黙殺したのか？　私の著作にウソが書かれていると判断されたということはないだろう。三五館シンシャは大量の新聞広告を打ってくれた。新聞の広告審査はとても厳しい。それをクリアして、大手新聞も含めて広告が掲載されたということは内容には問題がないということだ。

なぜ私は大手メディアから干されたのか？

では、なぜ私は大手メディアから干されたのか？

それこそが、大手メディアで働く社員の「保身」なのだ。私と関われば、自分や自分たちの会社にも惨禍が及ぶ可能性が高いことを彼らはわかっているのだ。

これまで公然と財務省を批判したメディアや評論家は、ほぼ例外なく、財務省からの〝制裁〟を受けている。

一番わかりやすいのが税務調査だ。たとえば、財務省の増税路線批判を展開した朝日新聞は、2005年、2007年、2009年、2012年と、立て続けに国税局の調査を受け、重大な課税漏れを指摘されている。

報道機関には経費に関してアキレス腱がある。取材で使った飲食費は、ニュースソースの秘匿のために、誰との会食であるかを明らかにできない。

国税当局は、そうした経費を軒並み否認していったのだ。ちなみにこのときの執拗な税務調査を受けて、それまで増税批判を繰り返してきた朝日新聞は、増税推進派へと大きくスタンスを変えることになった。

国税当局の税務調査による圧力は、消費税増税反対キャンペーンを展開した東京新聞を運営する中日新聞社などに対しても行なわれている。

また、その矛先は、評論家個人にも向けられている。財務省批判を書いた知人の大学教授は、税務調査で数千万円の追徴金を請求されたという。

財務省の言論統制は税務調査だけではない。スキャンダルの暴露、窃盗、痴漢などあらゆる罪をかぶせて批判者を社会的に〝抹殺〟するのだ。

2024年に「103万円の壁の引き上げ」を掲げて総選挙で議席を4倍に増やした国民民主党の玉木雄一郎代表の不倫スキャンダルが出てきたとき、私は「財務省がまたやったな」と思った。

こうした見立ては、これまで私の「陰謀説」として片付けられてきたのだが、報道面でも少しずつ風向きが変わってきた。

2024年11月29日号の「週刊ポスト」は、「『玉木つぶし』全工作」と題した次のような記事を掲載している。少し長くなるが、引用しよう。

総選挙躍進で〝時の人〟となった玉木雄一郎・国民民主党代表だが、いざ自民党と「手取りを増やす」交渉を始めたタイミングで不倫スキャンダルに見舞われた。

「妻子のある身でほかの女性にひかれたということは、ひとえに私の心の弱さだと思う」

と謝罪会見で事実を認め、涙を見せた。脇が甘すぎであり、情状酌量の余地などないが、この不倫騒動は国民生活にも影響を及ぼしかねない。

玉木氏は収入がそれ以上になると税金がかかる「年収の壁」（課税最低水準）を103万円から178万円に引き上げ、減税によって国民の手取りを増やすことを自民党に突きつけている。

実現すれば、年収500万円のサラリーマンなら手取りが年間13・2万円増える計算になる。（中略）

一方、このスキャンダルが報じられて喜んだのが財務官僚たちだ。

減税反対の財務省は、玉木氏の主張通りに課税最低水準を引き上げた場合、国と地方合わせて7兆6000億円もの税収大幅減になるという試算を公表して減税に抵抗。それに対して玉木氏が「7兆円かかるなら、7兆円をどこかから削るのは政府・与党側の責任だ。われわれはとにかく103万円を178万円にしてくれと要請していく」と突っぱねるなど、スキャンダル前は激しいバトルを展開していたからだ。

「財務省内では不倫が報じられると、『これで103万の壁引き上げなんて絶対やらせない。せいぜい110万の壁まで上げたら御の字だろう』といった声まで出ていた。幹部のなかには、もう国民民主の勢いがなくなると見て、増税派の野田佳彦・立憲民主党代表詣でを始めた者も。〝玉木さんがつぶれたら財政規律（増税）をお願いしたい〟と働きかけるつもりのようです」（財務省担当記者）

自民党も態度を変えた。それまで少数与党の石破政権は「補正予算を成立させるためには国民民主の協力が不可欠。総理は玉木の言い分をある程度飲むしかないと考えている」（官邸筋）という姿勢だった。ところが、報道を機に「地方の税収がかなり減る見込みと報告を受けている。税制の議論は地方に迷惑をかけない姿勢で臨むことが大事だ。国民民主党にも伝えたい」（小野寺五典・政調会長）と玉木氏を牽制する強気の姿勢に転じたのだ。

玉木氏の求心力が下がったのをチャンスと見て取った自民党や税務当局の財務省、総務省は「税収減」を楯になんとしても減税をつぶす構えだ。

玉木氏の主張に対して財務官僚は騒動前からこう触れ回っていたという。

「103万円の壁の主張の盛り上がりを受けて、財務官僚は議員やマスコミへのレクを強め、ほうぼうで『財源不足だ』『仮に扶養者控除で甘い顔をしたら、財政規律など無視した提案を次々とやってくる』と言い回っていた」（全国紙記者）

メディアでも「103万円は幻の壁?」（11月8日付、朝日新聞）など〝玉木減税〟に水を差す報道が相次いだ。

政策論争としてだけでなく、玉木氏の主張がきっかけで選挙後に財務省を中傷するSNS投稿が殺到——という、主張自体が害を招いているとの印象を与える報道も見られた。なかにはコメント数が選挙前後で約20倍以上に急増したなど、やけに数字が詳細に報じられているものもある。

政治ジャーナリスト・長谷川幸洋氏（元東京・中日新聞論説副主幹）はこう語る。

「玉木氏は103万円の壁の引き上げだけでなく、実質賃金が上がるまで消費税を5％に下げるべきだと言っているし、教育国債を年5兆円程度発行して（医療保険料に上乗せして徴収される）子育て支援金は廃止だと主張している。再エネ賦課金徴収を停止して電気代を値下げするとも言った。特に玉木氏は財務官僚出身ですから、官僚たちからすれば〝裏切りやがって〟と受け止め、〝絶対につぶせ〟という話になる。

そうなった時の財務省は様々なアプローチを取れる。出先である地方の税務署長は各地の経済人とのつながりで常日頃から地元の国会議員に関するネタを集めており、今の状況で玉木氏の情報を探っているのは間違いないでしょう」

〟玉木つぶし〟の動きでは、知事会も強硬な反対の声を上げている。

全国知事会の会長を務める村井嘉浩・宮城県知事は、〟玉木減税〟を実施すれば同県では810億円の減収となり、「たちどころに財政破綻するだろう」と語り、「私が総理の立場なら首を縦に振らない」と反対を表明。

さらに経済界からも新浪剛史・経済同友会代表幹事が「7兆円は相当厳しい話だ」と税収減の問題を厳しく指摘した。

「知事会や経済界に根回しして税収が減ると危機感を煽り、減税に反対させるのは官僚の常套手段です。地方創生を掲げる石破茂・首相は、知事会が反対すれば玉木氏の要求を飲みにくくなる（中略）」（前出・全国紙記者）

財務省は自民党、霞が関、知事会、経済界が総出となる「減税つぶし」包囲網を敷いているのだ。

長谷川幸洋氏のコメントも含めて、「週刊ポスト」は、財務省が玉木代表のスキャンダルを暴いたとまでは言っていない。

しかし、財務省に反旗を翻した者をつぶすために、財務省がふだんから批判者の身体検査を続けているというところまでは踏み込んでいる。

ネットの反応も様変わりだ。これまで私の「財務省のカルト教団化」という見立ては妄想だという厳しい批判にさらされてきた。

ところが今回は、「玉木代表は財務省にやられた」という見立てが過半とまでは言えないが、かなりの割合を占めるようになり、実際、「プライベートと政策は別」と考える声が主流となった。

これにより玉木代表はスキャンダルを乗り越えた。これまでだったら、即座に失脚だっただろう。

財務省を擁護した朝日新聞

ところが、そうした世のなかの潮目の変化にもかかわらず、新聞やテレビの大手メディアは、財務省の立場に立った報道を続けている。

その象徴的な記事が2024年大晦日の朝日新聞だ。

この日の朝日新聞は、大手メディアから無視され続けてきた『ザイム真理教』の内容を初めて紹介している。

「7兆～8兆円の税収減をどう穴埋めするのか」「富裕層ほど恩恵が大きいのではないか」

年末の税制改正論議をめぐる国民民主党の記者会見。提唱する所得税の課税最低ラインの引き上げに疑問が呈されると、玉木雄一郎代表は、「それ財務省の説明そのままですね」と切り捨てた。

ユーチューブには、会見のやりとりについて、「完全論破」「圧勝」といった投稿が相次いだ。

国民民主と主張は大きく異なるれいわ新選組も、財務省を敵視する姿勢では一致する。れいわの高井崇志幹事長は、「政権交代したら、真っ先に財務省を解体する」と公言する。

財政均衡主義を掲げる財務省は、「カルト教団化」している。その教義を守る限り、国民生活は困窮化する一方になる――。経済アナリストの森永卓郎氏が昨年出版した「ザイム真理教」は、こうした内容が話題となり、21万部超のベストセラーになっている。

財務省の公式X（旧ツイッター）あてには、「国民の敵。いつか罰しなければなりません」といった書き込みが相次ぐ。

私の主張の紹介やいまの日本社会で起きている財務省批判の実態について、この記事の認識は間違っていない。

ところが、そこから朝日新聞は財務省の徹底的擁護という驚愕の論理展開を進めていく。

2022年末に防衛増税を決めた直後には、主計局長だった新川浩嗣氏の殺害予告電話が財務省にあった。心労がたたってか、新川氏は一時耳が聞こえづらくなった。

省内の士気の低下は否めない。ある中堅幹部は個人のSNSに、「昨日今日は屈辱的なことが多かったです」と書き込んだ。「複雑な気分のときの一曲」に、中島みゆきの「世情」を挙げた。

♪世の中はいつも変わっているから　頑固者だけが悲しい思いをする

財務省の前身の旧大蔵省は、予算編成権を通じて霞が関をコントロールし、政権の政治日程をも描いてきた。だが、「われ富士山、ほかは並びの山」を自任した存在感は、過去のことだ。

財務省の権威が失墜しているという事実認識は完全な誤りだ。

たとえば、安倍政権の末期、２０２０年度に90兆円を超えていた基礎的財政収支赤字は、２０２５年度予算ではわずか７８００億円と、財務省はたった5年で財政赤字を１００分の１まで強引に削減している。

２０２３年度、財務省と金融庁出身者の天下りは４１０人と、全省庁１５４４人の27％を占めており、圧倒的トップだ。しかも、財務省と金融庁からの天下りは２０１３年度は３７０人だったから、10年間で11％も増やしているのだ。

財務省の権威は失墜どころか、「気に入らなければ総理でも倒す」といわれるその権力はますます拡大しているのだ。

1995年を境に生産年齢人口が減少に転じると、日本は低成長が当たり前となった。

借金が雪だるま式に膨らむのを抑えようと、歳出カットと増税を唱える財務省は、経済低迷の責任を問われ、批判の矢面に立たされた。

戦前も大蔵省の権威が地に落ちていたのは同じだ。積極財政で世界恐慌による不況から抜け出し財政引き締めに転じようとすると、軍部や議会から猛反発を食らい、高橋是清蔵相は二・二六事件で凶弾に倒れた。

「大蔵当局の猛省を促す」。1934年9月8日付の読売新聞には、こんな小見出しのついた右派論客の寄稿が載った。36年2月の月刊誌「維新」では、平凡社創業者の下中弥三郎が「高橋蔵相の財政観は時代錯誤の甚《はなは》だしいものである」と批判した。

大蔵省幹部を歴任した賀屋興宣《かやおきのり》は当時の様子を「一言にしていえば四面楚歌《そか》」「有力なる味方は皆無」と振り返った。

軍部による予算膨張の最後の歯止め役を失った日本は、破局の戦争への道をひた走ることになる。当時の大蔵省批判を振り返ると、その論理と財政の状況はい

政府債務残高対GDP比

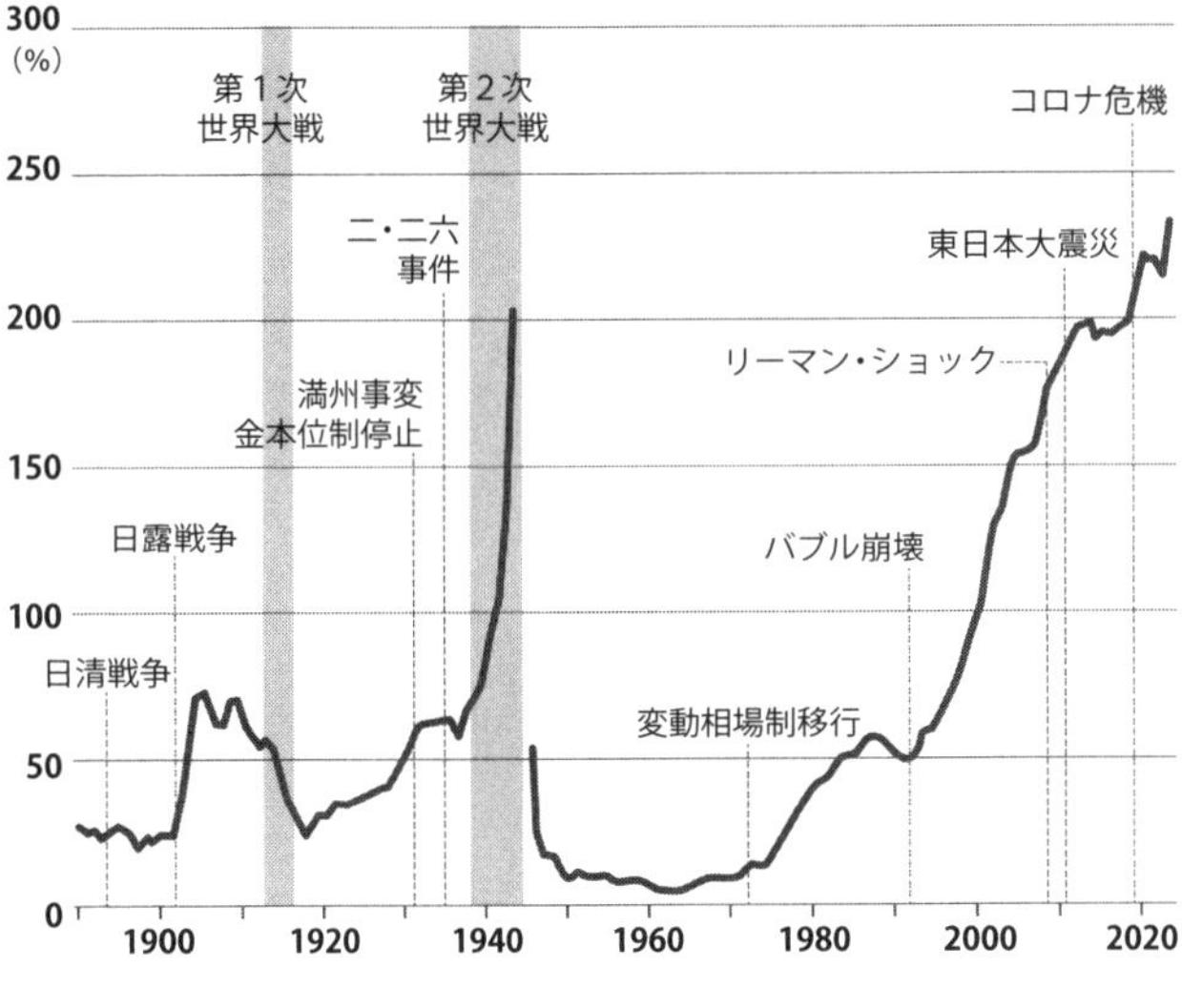

出典：朝日新聞 2024 年 12 月 31 日

まと酷似している。

朝日新聞に示された政府債務残高対GDP比のグラフを前ページに再掲した。これだと、一見、戦前と現代の数字が似通っているように見える。

しかし、それはとんでもない間違いだ。それは、このグラフがネットではなく、グロスの借金だけを描いているためだ。

ネットとグロスの違いがわからない方のために簡単に解説しておこう。

たとえば、銀行から1000万円の借金をしたとする。これがグロス（総債務）だ。ただ、1000万円のうち800万円には手をつけずに銀行にそのまま預けていたとする。この場合、実質的な借金は200万円ということになる。これがネット（純債務）だ。

現代の日本の財政はたしかに借金を増やしてきたのだが、それ以上に増税で得た資金を政府資産の積み上げに回している。

実際、IMF統計によると、地方政府や政府の子会社である日本銀行などを合わせた「統合政府」のベースで見ると、2020年の政府資産は政府債務を上回っている。

だから、日本政府は借金で首が回らないどころか、じつは無借金経営になっていて、カナダに次いで主要7カ国で2番目に財政が健全な国なのだ。

戦前の日本が借金漬けだったことは事実だ。ただ、現代日本の財政は、財務省の超緊縮財政の継続によって、とてつもない財政余力を持っており、それを戦前と同じと主張するのは、あまりにひどい事実の歪曲だ。

そして、朝日新聞の記事のもう1つの問題は、歴史認識だ。

記事では、高橋是清蔵相が財政引き締めに出ようとして、二・二六事件という軍部のクーデターに遭って凶弾に倒れ、それが、日本が戦争への道をひた走るきっかけとなったということになっている。

しかし、標準的な経済史では、1929年に総理大臣に就任した濱口雄幸と井上準之助蔵相のコンビが、世界経済が失速しているにもかかわらず、強烈な財政引き締めを断行して日本経済を昭和恐慌に陥れ、それを財政出動によって、なんとかギリギリのところで踏みとどまらせたのが高橋是清の積極財政だったということになっている。

高橋是清蔵相は、単に重臣たちを軒並み狙った軍の一部が起こしたクーデターに巻き込まれただけだ（詳しくは拙著『増税地獄』〔角川新書〕を参照）。二・二六事件を扱った書籍は無数にあるが、朝日新聞の記事のような解釈をしたものを私は見たことがない。日本を戦争に向けてひた走らせたのは、財政緊縮による国民生活の疲弊だったというのが歴史の語るところなのだ。

朝日新聞が歴史を歪曲してまで、なぜ財務省の擁護をするのかについては、2つの可能性がある。

1つは勉強不足で、本当にこの記事のような歴史観を持っていること。

そして、もう1つは、本当のことを知ってはいるのだが、財務省に忖度して、財務省が悪者にならないように読者を欺いていることだ。私は後者の可能性が高いと考えている。

皮肉なことにこの記事のあとの3面には、三五館シンシャが出稿した『ザイム真理教』の広告が5段抜きで大きく掲載されている。

もし朝日新聞が、記事にあるように、『ザイム真理教』という書籍が日本を戦争へと導く不当な財政緊縮批判をしていると本気で考えているのであれば、こうした広告を掲載してはならない。

しかし、それを堂々とやっているということは、朝日新聞が社会的な正義のための論評をしているのではなく、あくまでも経営のために記事を作っていることにほかならないのだ。

なぜ、朝日新聞が事実と異なる事象を並べて財務省擁護を繰り返すのかといえば、最大の理由は税務調査が怖いからだろう。

だが、そのほかにも理由がある。

消費税率を10％に引き上げた際、宅配の新聞だけが８％の軽減税率適用で増税を免れていたり、古くは大手新聞各社の本社用地が、国有地を格安で払い下げてもらったものであったりと、大手メディアは歴史的に財務省からさまざまな〝飴〟を与えられてきたという背景があるのだ。

大手メディアの自殺行為

新聞社やテレビ局の社員たちは、世間とくらべて、とてつもない厚遇を受けている。大手メディアの40代半ばの社員の年収は１５００万円にものぼる。バブル期までの大手新聞は発行部数も多く、何より高額の広告が次々に舞い込んできた。テレビ局も同じだ。彼らの好待遇はそんな時代に作られたものだ。

いま大手メディアのプレゼンスはどんどん低下し、すでにネットの後塵を拝するようになっているにもかかわらず、彼らの厚遇はほとんど変わっていない。

バブル期までに築いた豊富な資金を投じて不動産業を兼業したり、イベントで稼ぐようになったり、経営が順調だった時代に取得した株式などの金融資産を処分して資金を確保しているからだ。

大手メディアの社員たちは自分の待遇を守ったまま、なんとか定年まで逃げ切ろうと考えている。逃げ切るためには「問題を起こさない」「組織に逆らわない」ことが最重要になるのだ。

私の父は毎日新聞の記者だったから、私は子どものころから新聞社に出入りしていた。そこで目にしたジャーナリストは、一様に権力の監視に勤しみ、権力者たちの利権、癒着、腐敗を厳しく追及していた。そうしたジャーナリストが、いまや反骨精神を捨て去り、自分自身が豊かな暮らしを続けることを優先するようになってしまっている。

テレビも同じだ。最近では調査報道を行なう番組が大幅に減り、低コストで、そこの視聴率がとれる番組ばかりがあふれている。

タレントが量販店を訪ね、「こんな便利なグッズがやす〜い！」と叫んだり、ファミリーレストランで「すごいコスパだね〜！」などと連呼している。私はこうした番組を「ブルシット・プログラム」と呼んでいる。

こうした番組なら、批判されるリスクはないうえに、訪問先の企業が制作に全面協力してくれるから制作コストも低くなる。

しかし、そんな番組ばかりになったテレビを誰が見るだろうか？

財務省の代弁者となった新聞を誰が読むだろうか？

ネットの世界では、たとえば石田健氏が編集長を務めるインターネットニュースメディア「The HEADLINE」などのように、きちんとした調査報道を行なおうとする意欲的なサイトも立ち上がっている。

大手メディアが既得権のうえにあぐらをかき、保身のみを考えるのであれば、彼らに未来はないだろう。

第5章
ザイム真理教の保身

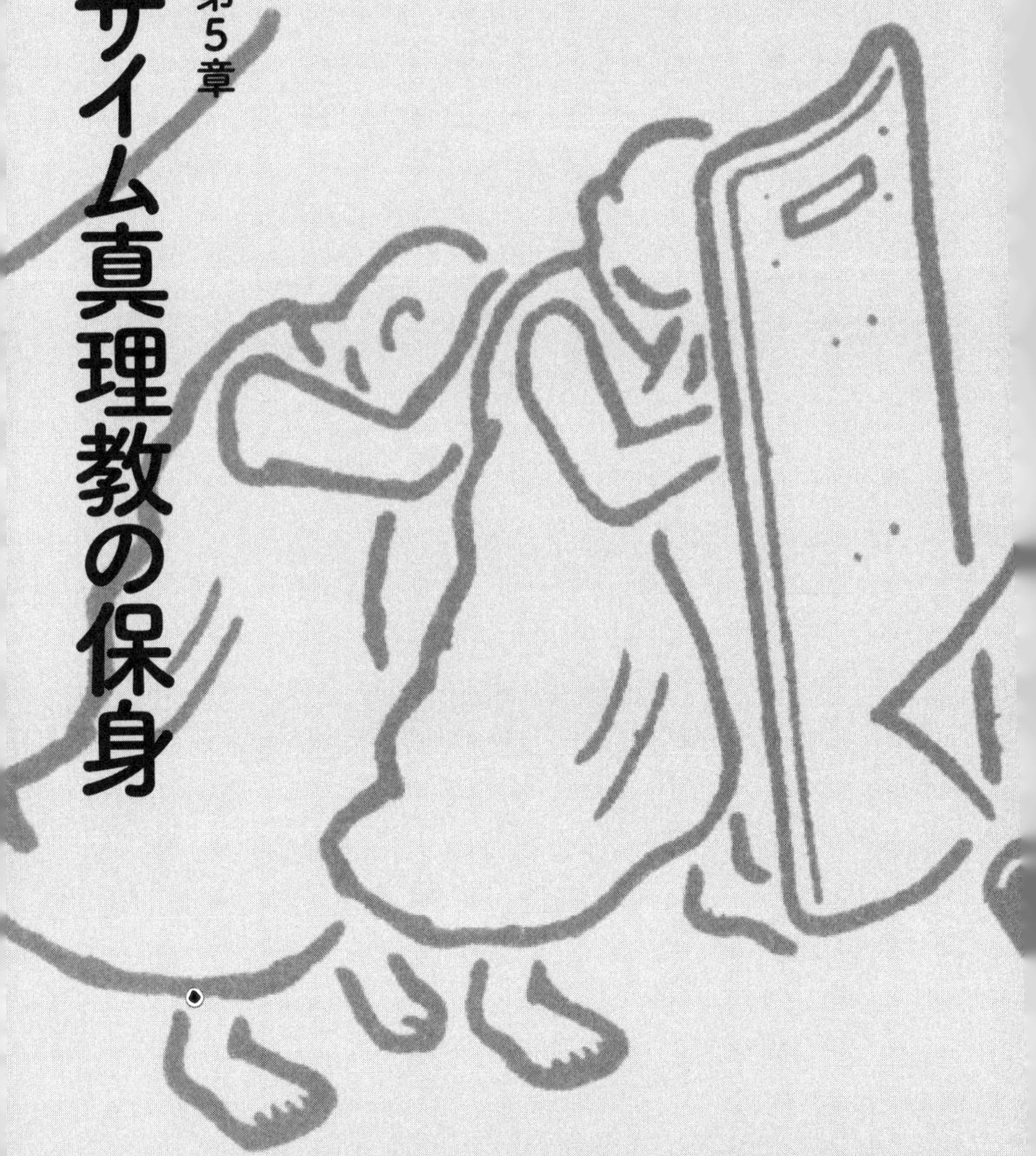

〝保身メディア〟を見分ける方法

最近、私は、保身を図る評論家やメディアを簡単に見分ける方法を発見してしまった。

アベノミクスを批判し、アベノミクスからの「正常化」を図るべきだという人は、ほとんど例外なく、利権を守ろうとする「守旧派」だということだ。

２０１２年に発足した第二次安倍政権が打ち出した「アベノミクス」は、長引くデフレから日本経済を脱却させるため、

①金融緩和
②財政出動
③成長戦略

という三本の矢で構成されていた。

守旧派の人たちは、この政策が日本経済をダメにしたと主張しているのだが、事実は真逆だ。

景気が悪いときは、マクロ経済政策として、金融緩和（金利の引き下げや資金供給の拡大）、財政出動（公共投資の拡大や減税）を行なうべきだということは、大学1年生が学ぶマクロ経済学のどの教科書にも書いてある基本中の基本だ。

また、アベノミクスが打ち出した2％の物価目標（インフレターゲット）政策も、アメリカやヨーロッパではすでに採用されていた金融政策の基本手法で、日本は先進国としては最後発の導入だった。

つまり、アベノミクスは、標準的な経済理論にもとづいて、標準的な景気対策を打っただけだった。

そして、その効果は絶大だった。

95ページの図を見てほしい。これは、アベノミクス導入後の消費者物価指数の上昇率を月別に見たものだ。

それまでマイナスだった物価上昇率がたった1年で、目標とする2％近くまで達していることがわかるだろう。

政策の効果がここまできれいに出てくることは滅多にない。

つまり、アベノミクスというのは、日本経済をデフレから救出する見事な政策だったのだ。

それでは、なぜアベノミクスは結果的にデフレ脱却に失敗したのか？

それも図を見れば明らかだ。

あっというまにデフレからの脱却に成功したのだが、そのすべてをダメにしたのが２０１４年４月から実施された消費税率５％から８％への引き上げだった。

「そんなことをしたら、せっかくのデフレ脱却がダメになる」

そう言って、アベノミクスを支えた学者グループ、浜田宏一教授や藤井聡教授、高橋洋一教授らは一様に増税に反対したという。

しかし、肝心の黒田東彦《はるひこ》日銀総裁は、「金融緩和と増税は、直接の関係がない」と言って、消費税増税を止めなかった。

そして、この増税によって〝異次元の金融緩和〟というアクセルと、〝消費税増税〟というブレーキの両方を同時に踏むという異常な運転が行なわれることになった。

その結果、せっかくデフレ脱却を達成した日本経済は、たった1年でデフレに舞い戻ることになってしまった。

アベノミクス導入後の消費者物価指数上昇率の推移

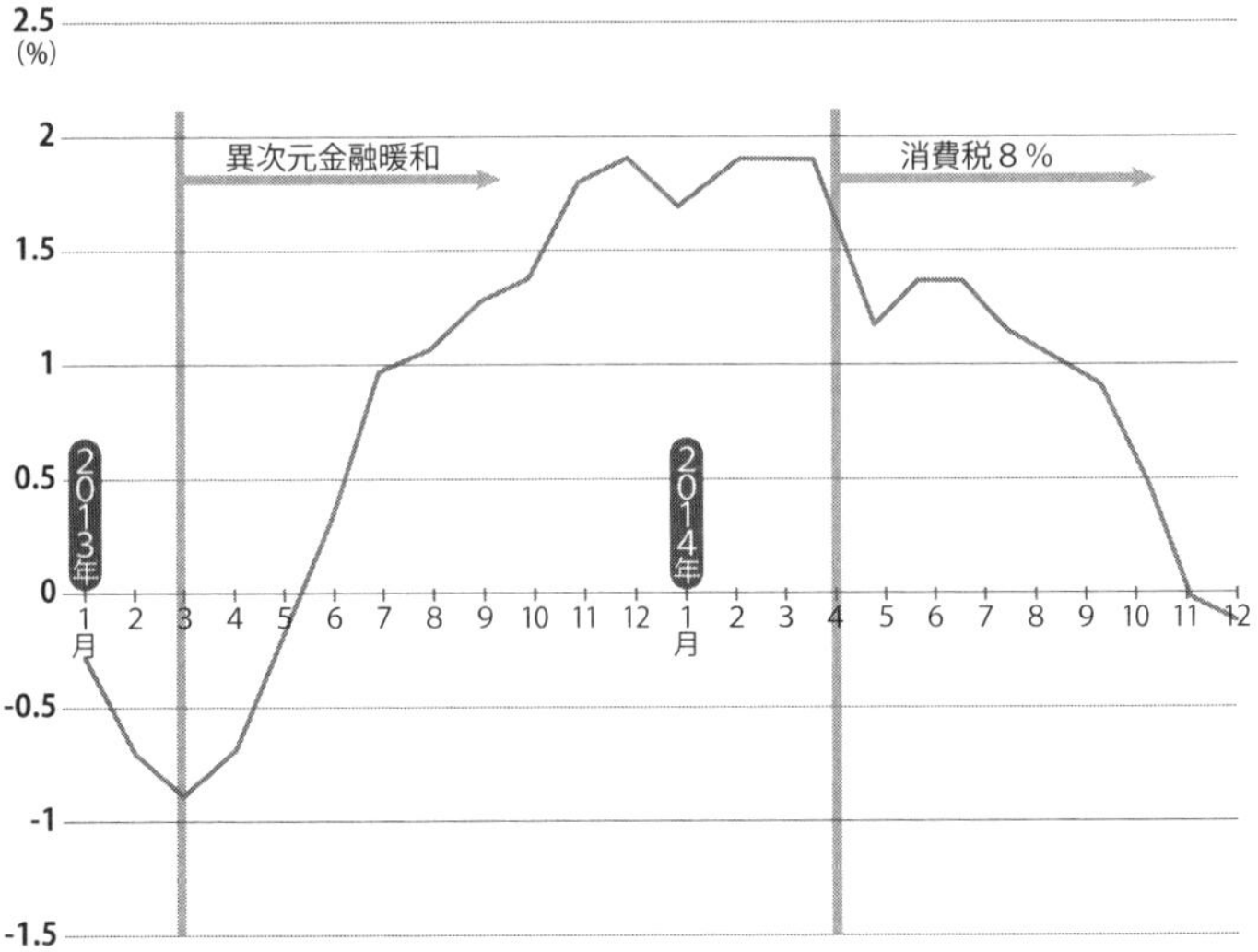

この結果を踏まえて安倍総理は、「黒田総裁も財務省出身だからな」と嘆いたという。

その後、安倍総理は、消費税率の10％への引き上げを2度にわたって延期したが、結局2019年10月に安倍政権2度目の消費税引き上げに追い込まれた。こうしてアベノミクスは、デフレ脱却に失敗してしまったのだ。

財務官僚はこうして出世する

なぜ、安倍総理は消費税10％への増税を止められなかったのかは、『ザイム真理教』と『書いてはいけない』に詳しく書いているので、それをご覧いただきたい。ごく簡単にいうと、財務省が森友学園への国有地払い下げ事件に昭恵夫人を巻き込み、さも財務省が昭恵夫人を守る行動に出たとみせかけることで、安倍総理に恩を売ったのだ。安倍総理にスキャンダルが見つからなかったため、財務省は昭恵夫人のスキャンダルを〝捏造〟したことになる。

本来なら、アベノミクスのデフレ脱却で経済を成長軌道に乗せておけば、自然と税収が増えていき、財務省の主張する財政再建が近づくはずなのに、なぜ財務省は景気が失速する消費税増税の道を選んだのか。

それこそが、ザイム真理教の本領発揮なのだ。

財務官僚は、〝出世〟がポイント制になっており、「増税」を実現すると獲得ポイントが増えて、よりよい天下り先があてがわれる。

ただし、「増税」と「増収」は異なる。経済を成長させて税収を増やしても1ポイントにもならない。一方、増税は必ずポイントになる。もちろん、増税ポイントというのは、ポイント通帳が存在するような具体的な制度ではない。あくまでも財務省の人事部門の頭のなかに刻まれるイメージとしてのポイントだ。

じつは、たばこ税の増税ほど意味のないものはない。増税をすると、その分喫煙者が減って、トータルで見ると、税収がまったく増えないからだ。その繰り返しをもう何十年も続けている。それでも、たばこ増税は、財務官僚にとっては意味がある。税収は増えなくても、増税ポイントが貯まるからだ。

そして、財務省の〝出世ポイント〟がもっとも大きいのは、消費税増税だ。消費税を増税できた者は非常に高く評価される。

だから、財務官僚は消費税増税に熱心なのだ。ポイントを貯めるためには、消費税増税で経済が失速しようと、国民の実質手取りが減少して国民生活が追い詰められようと一向に構わないのだ。

ちなみに財務省に入省したばかりの若手官僚の過半は、国全体の経済や国民生活を改善しようという志を持っている。

しかし、日々続くザイム真理教の洗脳活動のなかで、彼らは次第に〝増税依存症〟になっていく。その大きな原因は、増税に反対でもすれば、左遷が待っているか、少なくとも出世の目がなくなるからだ。

つまり、財務官僚は、経済や国民生活よりも、自らの雇用と報酬を優先する「保身」に走っていくのだ。

その結果、財務省は一枚岩の増税路線で足並みをそろえていく。それが、総理大臣を超える権力につながっていくのだ。

この財務省の権力について安倍首相は、「予算編成を担う財務省の力は強力です。彼らは、自分たちの意向に従わない政権を平気で倒しに来ますから」と著書『安倍晋三回顧録』（中央公論新社）のなかで述べている。

もう１つ指摘しておかなければならないのは、２０２４年10月の衆議院選挙で、岸田文雄氏が安倍派の一掃に動いたことだ。

実際に解散を決断し、実行したのは石破総理だが、選挙のお膳立てをしたのは岸田前総理だ。

岸田前総理は、政治資金問題で、安倍派議員に裏金議員というレッテルを貼り、公認を得られなかった多くの安倍派議員がこの選挙で落選した。

安倍派の致命的ミスは、ノルマを超えて集めたパーティー券収入の一部を証拠が残る「キックバック」という形で受け取ってしまったことだ。

じつは、ほかの派閥でも、政策活動費で領収書の要らない金を使ったり、ノルマ超過分のパーティー券収入をいきなり自らのポケットに入れた猛者までいた。やっていたことは、安倍派の議員と似たりよったりだったのだが、安倍派議員に対してだけ岸田政権が厳しい処分を突き付けたのは、安倍派が増税反対路線を敷いて財務省に逆らったからだという見方もできる。

つまり、財務省は、意向に従わない総理大臣だけでなく、意向に従わない国会議員にも牙をむいたといえる。まさにカルト教団の面目躍如といったところだろう。

恨みをため込んでいた日銀と銀行業界

一方、金融政策をつかさどる日本銀行は、安倍政権の意向を受け入れざるをえなかった。

日銀の金融政策は、総裁、2人の副総裁、6人の審議委員の合計9人で構成される政策委員会が集う金融政策決定会合で決められることになっている。

安倍総理は、その委員を次々に金融緩和派（リフレ派）に交代させていった。リフレ派が過半数を握ったら、金融緩和を否定することができなくなる。それが異次元の金融緩和が実現した背景だった。

ただ、この異次元金融緩和は、銀行業界にとって大きな負担となった。

単純化していうと、銀行は預金で集めたカネを企業に貸すことで利ザヤを稼ぐビジネスだ。ところが、金融緩和で貸出金利がゼロに近づくと、いくら低い金利で預金を集めても、ろくな利ザヤを取れなくなってしまう。銀行業界は、アベノミクスへの恨みを着々とため込んでいったのだ。

そうした状況にくさびを打ち込んだのが岸田文雄政権だった。

２０２１年10月に誕生した岸田政権の最大のテーマは、「アベノミクスの完全否定」だった。

それは、財政・金融の同時引き締めとなって表れた。

安倍政権の最末期、２０２０年度の一般会計の基礎的財政収支は、コロナ対策という特殊要因はあったものの、90兆円もの赤字だった。これは財務省にとってとてつもない「不都合な真実」だった。

ザイム真理教の脅しは、「膨大な財政赤字を出したら、為替が暴落し、国債が暴落し、ハイパーインフレが日本を襲う」というものだった。

ところが、税収を超える財政赤字を出したにもかかわらず、為替も国債も暴落せず、ハイパーインフレも起きなかった。

焦った財務省は、この財政赤字の決算数字を隠ぺいすることにした。

財務省のホームページを見てほしい。２０２０年度の一般会計90兆円の基礎的財政収支赤字の決算となったことはどこにも書いていないのだ。

岸田前総理がトップを務めていた宏池会、あるいは岸田家は、財務省と一心同体の関係を築いている。

たとえば、自民党税調の〝ラスボス〟として有名になった宮沢洋一氏は、元大蔵官僚で、岸田前総理の従兄だ。そのほかにも岸田一族には財務省出身者と縁戚関係にある人が多い。だから、消費税増税を2度も止めようとした安倍元総理への恨みは深い。

そのため、岸田政権は強烈な財政引き締めに出た。2020年度に90兆円もあった基礎的財政収支赤字は、2023年度には予算ベースで8兆8000億円と、赤字を10分の1まで減らしたのだ。

岸田政権は、金融政策面でも守旧派への回帰を進めた。

リフレ派の黒田東彦総裁を守旧派の植田和男総裁に交代させただけでなく、安倍政権で政策委員会に招へいした副総裁や審議委員を次々と守旧派に交代させ、守旧派が過半数を握ることになった。

そして、2024年3月と8月に、2度にわたる利上げに踏み切ったのだ。

金利引き上げは、景気が過熱して物価が過度に上昇しているときに行なわれる。しかし、2024年の消費者物価指数上昇率（生鮮食品をのぞく）はずっと2％台で、金融引き締めの必要性など皆無だった。そこに金融引き締めを重ねたのだ。

さらに財政も引き締めていたから、日本経済はひとたまりもなかった。まだ最終的な数字は確定していないが、２０２４年は、Ｇ７諸国のなかで日本だけがマイナス成長に陥ったのだ。

金融引き締めでトクしたのは誰？

なぜ、日本経済を破壊してでも金融引き締めに出たのか？

なぜ、守旧派のコメンテーターは「アベノミクスを修正するための正常化」と呼んで金融引き締めを擁護したのか？

じつは、デフレが続くなかでの金融引き締めに反対しているのは、元財務官僚の高橋洋一嘉悦大学教授、京都大学の藤井聡教授、ジャーナリストの須田慎一郎氏など少数に限られていて、大手メディアに顔を出す多くの有識者やコメンテーターは日銀の金融引き締めという暴挙を支持している。

たとえば、東京財団の早川英男主席研究員は、２０２４年４月の「植田日銀、金融政策正常化へ本格始動（上）――マクロ経済環境の変化と日銀の対応」と題した東京財団政策研究所のホームページの記事で次のように書いている。

日銀は3月の金融政策決定会合において8年余り続いたマイナス金利政策の解除を決めた。17年ぶりの利上げであり、同時にイールドカーブ・コントロール（YCC）の廃止、ETF等の購入廃止、オーバーシュート型コミットメントの終了なども決定している。これで、黒田前総裁の下で進められた「異次元金融緩和」は完全に終了したことになる。まさに、金融政策正常化に向けて本格始動したと言えよう。

思えば約1年前、植田和男氏が日銀総裁に就任した頃、植田日銀に課せられた課題＝金融政策正常化の実現は極めて困難との見方が多かった。その前提となる2％物価の定着自体が容易でないと考えられていた上、仮に政策正常化を始めれば長期金利の急騰、急激な円高といった金融市場の大混乱が懸念されていたからだ。しかし実際には、植田日銀は1年足らずの間に「異次元金融緩和」の完全終了を実現しただけでなく、金融市場にも大きな混乱はみられていない（本稿執筆時点（2024年3月下旬）の10年国債利回りは0・7％台、日経平均は4万円台、為替レートに至っては予期に反して1ドル＝150円台の円安である）。

また、公益社団法人日本証券アナリスト協会専務理事の神津多可思氏は、「JBpress」2025年1月6日に掲載した「日本銀行は『正常化』を続けられるのか、『金融政策の多角的レビュー』から読み解く」という記事で次のように書いている。

2025年初の時点における日本の実質金利は、短期でみても、長期でみても、大きなマイナスである。そうした経済は、他の先進国、先進国に追い付きつつある新興国をみても例がない。

現在の日本経済のパフォーマンスを考えた時、このような今日の日本の実質金利のあり方はおかしくはないだろうか。確かに賃金は上昇しつつあるが、家計が定期預金など固定金利で運用をした場合のリターンは、物価上昇との兼ね合いでは実質で大幅なマイナスである。2024年末の株価はバブル時を上回り既往ピークなのに、だ。

そうしたことを考えると、海外要因によって日本経済の自律的な拡大が止まらない限り、金融政策の正常化はさらに進められるだろう。実質金利はインフレ率を勘案した実質のリターン率でもあるので、その上昇が経済活動拡大の自律性を強める面もあるはずだ。

もう忘れられつつあるが、日本経済はついこの前まで言わば集中治療室に入っていたのであり、そのリハビリには相応の時間がかかっても仕方がない。

しかし、リハビリは誰にとっても厳しいもので、つらいからリハビリをしないと全快が遠のく。今後低下してくるだろうインフレ率との兼ね合いで、現在マイナス圏にある実質でみた政策金利を、次第にプラス圏に持っていくのは、そのリハビリのプロセスと言って良い。

要するに今回の日銀の利上げは日本経済にほとんど悪影響を与えていないし、アベノミクスという温室に入って鈍ってしまった日本経済を復活させるためにはある程度厳しいリハビリが必要だというのが彼らの考えだ。

そして、ほとんどのコメンテーターはこうした議論に乗っかったコメントを繰り返している。

しかし、私は「利上げが日本経済に深刻なダメージを与えていない」という事実認識には納得できない。さらに「リハビリのために金融引き締めを断行すべし」というのは、日本経済の現況を見れば、治療ではなく、もはやしごきだといえる。

多くの有識者もそのことはわかっているのではないか。

それでも日銀の金融引き締めを彼らが擁護するのはなぜなのか。

その本音は、次ページに掲載する図を見れば明らかだろう。

2024年第二四半期の三菱UFJフィナンシャルグループの連結業務粗利益は、前年同期比で4244億円もの増加となっている。日銀の金融引き締めによって、銀行は濡れ手に粟の大儲けになっているのだ。

そのツケが回ってきているのが、銀行から運転資金を借りている中小企業や住宅ローンを借りている国民だ。

実際、帝国データバンクの調査によると、2024年11月の倒産件数は、前年同月比で7・9％増の834件となり、31カ月連続で前年同月を上回っている。

三菱UFJフィナンシャルグループ連結業務粗利益の推移

	実額	対前年同期
2022／2Q	23,234	
2022／3Q	35,798	
2022／4Q	45,030	
2023／1Q	12,413	
2023／2Q	24,874	1,640
2023／3Q	36,191	393
2023／4Q	47,325	2,295
2024／1Q	15,356	2,943
2024／2Q	29,118	4,244

（単位：億円）

つまり、アベノミクス批判を繰り返す守旧派の人たちは、日本経済や国民生活が悪化することを顧みずに、目先の金融村の利益を拡大するため「正常化」というウソをついていることになる。

もしかすると、それは「保身」を通り越して、日本経済へのテロ行為に近いといえるかもしれない。

第6章
立憲民主党の保身

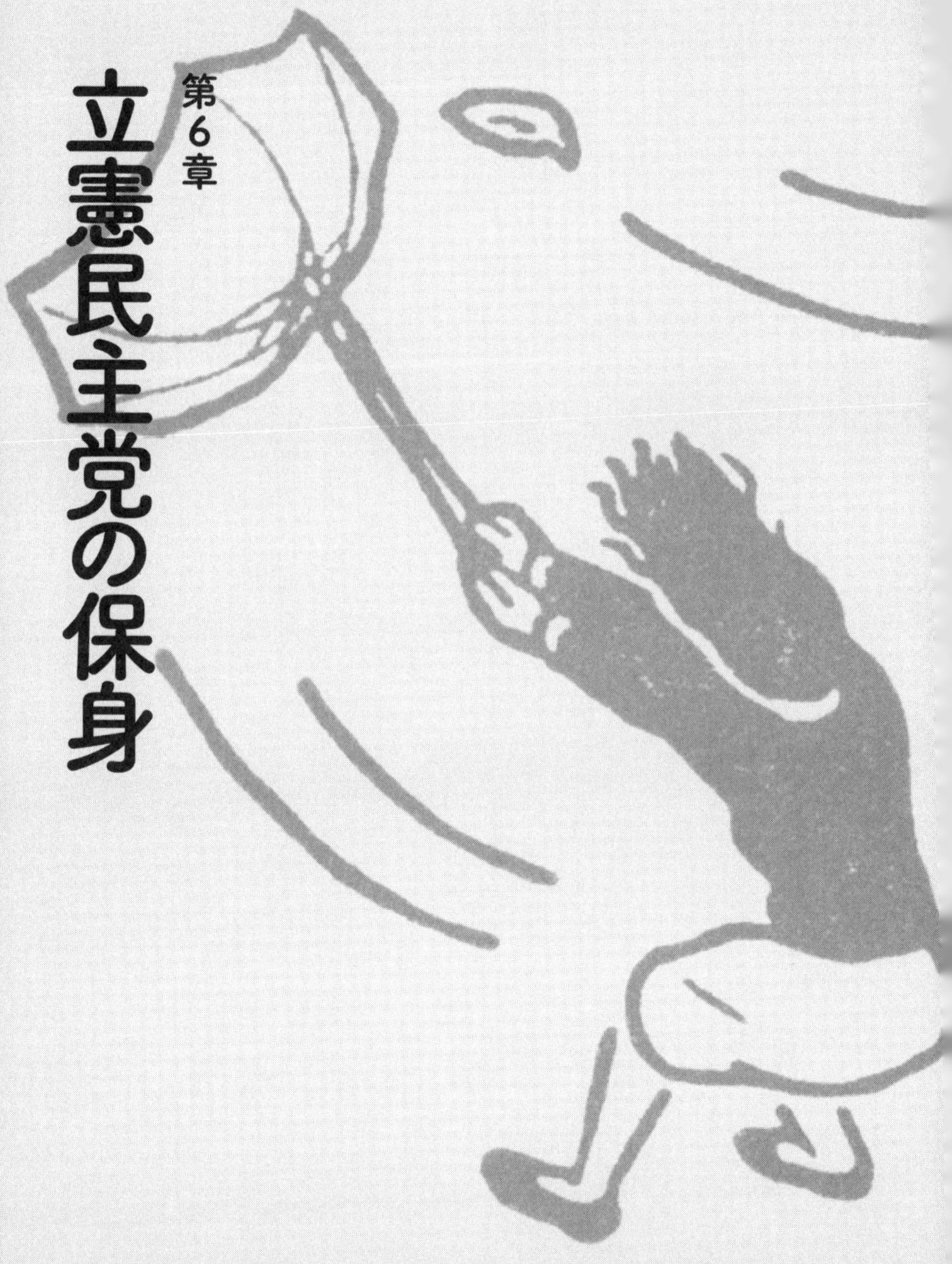

「年収の壁」引き上げをつぶしたのは誰か？

２０２４年12月20日、与党の税制改正大綱が決定された。

国民民主党が要求してきた１０３万円の壁引き上げに関しては、人的控除を20万円引き上げることが明記された。国民民主党が要求した75万円の引き上げとくらべると、話にならない少額だ。

しかも、20万円の引き上げのうち、基礎控除が10万円、給与所得控除の最低保障引き上げが10万円なので、年収３００万円のサラリーマンの場合、年間の減税額は地方税を含めて５０００円程度と、国民民主党の要求が完全に実現した場合の11万３０００円とくらべると、大きく見劣りする結果だ。

衆議院選挙で与党が過半数割れを起こした現実を踏まえ、自民・公明・国民民主３党の幹事長が、「課税最低ラインを２０２５年から１７８万円を目標に引き上げる」ことで合意し、文書まで作っていたのに、なぜ与党はそこからかけ離れた小さな数字を税制改正大綱に盛り込んだのか？

答えは明らかだ。日本維新の会がすり寄ってきて、自分たちが要求する教育無償化と引き換えに補正予算への賛成を与党に打診したからだ。

教育無償化であれば、必要な予算は6000億円程度で、年収の壁を178万円に引き上げることとくらべると、10分の1のコストで済む。

財務省は、そちらを選んだということだろう。

もう少しで4半世紀ぶりの本格減税が実現しようとする直前に、減税つぶしに出た日本維新の会・前原誠司共同代表の罪は重い。総選挙で与党過半数割れに追い込んだ民意を壊してしまったからだ。

もうひとり、今回の「年収の壁引き上げ」をつぶした犯人がいる。立憲民主党の野田佳彦代表だ。

立憲民主党は、今回の壁引き上げに一切賛同せず、静観を決め込んだ。もし立憲民主党が前向きだったら、とっくに大型減税が実現していたはずだ。

2人の強烈な増税派

前原氏と野田氏の2人には共通点がある。それは増税派で、財務省の強力サポーターであること、民主党の元代表であること、そして他党に入り込んで代表に収まっていることだ。

なぜ、そんなことが起きているのか？

旧民主党が結成されたのは1998年、中道リベラルを理念として政権交代できる政党を目指した若い力が結集した。

しかし、その実態は、当初から保守とリベラルの混成だった。自民党が世襲で候補者の公募がほとんどないなか、新たに政治家を目指す若者たちは民主党の公募に応じるしかなかった。そこに保守派がなだれ込んでいったのだ。

松下政経塾1期生の野田氏も、8期生の前原氏もそのなかのひとり、つまり当初から保守派だったのだ。

欧米では、保守派とリベラル派が対立する形で二大政党制が成立している。保守派は、規制緩和による格差拡大を容認し、大企業や富裕層の税負担を減らそうとする。一方のリベラル派は広範な規制によって格差を是正し、中小企業や庶民の税負担を減らそうとする。

ところが、先進国のなかで、日本だけが与党のなかにも、野党のなかにも、保守派とリベラル派が混在していて、国民が選挙で政策を選択しにくくなっている。

だから、2017年に希望の党への参画を拒否されたリベラル派を中心に、立憲民主党が結成されたとき、私はようやく純粋なリベラル政党ができたと喜んだ。

だが、事もあろうに立憲民主党は、2020年に野田氏を受け入れ、2024年には代表に選んでしまった。

一方の、前原氏も2024年に日本維新の会に入党したあと、新たに日本維新の会の代表に選ばれた吉村洋文氏の指名で、共同代表となり国会での活動を仕切ることになった。

野田氏も前原氏も、強烈な増税派として知られている。その姿勢は、それぞれの党の立場とも異なっている。

2024年の総選挙で、日本維新の会は消費税8％への引き下げを主張していた。

立憲民主党も、2022年までは消費税5%への引き下げを掲げていた。ところが、前原、野田という2人の民主党代表経験者の代表就任で、この政策はどこかに吹き飛んでしまったのだ。

与党が過半数割れをしたといっても、立憲民主党と日本維新の会は、財務省のシンパ、もっといえばザイム真理教の信者が仕切っている。それでは、大型減税が実現することはありえない。その意味で、元民主党代表2人の罪はあまりに重いのだ。

だが、もともと野田代表は、民主党が政権を奪取する前までは、「増税の前に利権に群がるシロアリを退治することが先決だ」と消費税増税に否定的だった。

それが、2009年に財務副大臣となってからわずか数カ月で、ザイム真理教の布教活動に染まって信者となり、その後、財務大臣を経て総理大臣となった際には、実質的な教団幹部として、自民・公明・民主の3党合意を結び、消費税を10%に引き上げる道筋をつけてしまった。財務省内では、野田代表のことを「使い勝手よしひこ君」と呼んでいるという。

また、新たに立憲民主党の代表となった際には、小川淳也氏を幹事長に据えた。小川氏の持論は消費税率25%への引き上げだ。つまり、いまの立憲民主執行部は、完全な増税シフトを敷いていることになる。

前原氏は、野田氏ほど明確な姿勢を表明しているわけではないが、基本的に増税路線をブレることなく主張し続けている。

日本維新の会の吉村代表は、なぜそんな増税派を共同代表に選んだのか？

複数の維新関係者に尋ねたのだが、明確な答えはなかった。ただ、財政緊縮に反対するかどうかについて、維新内部は一枚岩ではないという見立ては一致している。

増税派誕生のカラクリ

国会議員たちは、なぜ本来の理念をかなぐり捨てて、増税派に変わってしまうのか？

私は、それこそが議員の「保身」だと考えている。

国会議員ほど、議席を失ったときの影響が大きい職業はない。国会議員でいれば、期末手当を含む歳費が年間２０００万円以上支払われ、無税の「調査研究広報滞在費」（旧・文書通信交通滞在費）が月額１００万円、立法に関する調査研究活動のための「立法事務費」が月額65万円支給される。

また新幹線グリーン車に無料で乗車できる特殊乗車券が支給されるうえ、秘書を3人まで公費で雇える「秘書雇用手当」が年間約2500万円支給される。さらに民間家賃相場が60万円を超える都心のマンションを議員宿舎として格安で使用できる。フリンジベネフィット（給与以外の経済的利益）を含めた国会議員の報酬は8000万円前後に達するのだ。

そうした厚遇が、議席を失うと完全にゼロになる。サラリーマンだったら、経営陣に逆らって出世の道を閉ざされたり、左遷されることはあっても、いきなり年収がゼロになることはない。しかし、国会議員はそれが当たり前のように断行されるのだ。

そうしたなかで、財務省に逆らうのは国会議員にとってもリスクのあることだ。

財務省は国会議員にレクチャーと呼ばれるザイム真理教の布教活動を日常的に行なうと同時に、つねに身体検査を重ねている。財務省に逆らえば、スキャンダルを暴露され、党からの公認が得られなくなることもある。

国民民主党の玉木代表の不倫スキャンダルや、2024年の総選挙における旧安倍派議員の公認はずしについてもそうした見立てができる。

さらに、立憲民主党の最大の支持母体である連合は増税派だ。

立憲民主党がまだ消費税減税を主張していた2021年6月17日の記者会見でも、連合会長は明確に消費税減税を否定した。


　連合の神津里季生《りきお》会長は17日の記者会見で「連合として具体的に消費減税すべきとの考え方はない」と話した。立憲民主党の枝野幸男代表が時限的な消費税の5％への減税を目指すとの考えを表明していた。

　連合は立民の有力な支持団体だ。神津氏は連合の政策と枝野氏の方針に「率直に違いがあることは事実」と述べた。

　連合は消費税を巡る低所得層への対策として、負担分を払い戻す「給付付き税額控除」を提唱する。神津氏は家計支援に関して「(立民と) 大きい考え方は一致している」との認識を示した。(日本経済新聞電子版、2021年6月17日)

私は何度も連合関係の雑誌に寄稿してきたが、そのたびに大揉めになるのが、私の消費税減税論なのだ。

たとえば、私が「働く人の実質所得を増やすもっとも確実で効果的な経済対策は、消費税の撤廃だ」と書くと、編集担当からトーンダウンを要請する連絡が来る。編集部として私の意見はわかるのだが、連合は消費税減税を支持していないからだという。

連合は、さまざまな労働組合の上部組織だが、最大の勢力を誇るのが官公労働者の組合だ。彼らの収入源は税金であり、基本的に税金を増やしていきたい。

彼らは、増税で財政規模が拡大すれば、自分たちの給料に回せる原資が増えると思い込んでいる。

だが、それは誤った認識だ。増税で経済を失速させれば、税収が減り、かえって財政規模の緊縮に追い込まれる。

２０２２年の参議院選挙までは消費税減税を主張していた立憲民主党は、２０２４年の衆議院選挙ではついに消費税減税の旗を降ろし、「給付付き税額控除の導入」を掲げた。連合の政策を丸のみしたことになる。連合の誤った経済認識に立憲民主党は深く引きずり込まれたのだ。

財務省の圧力、連合からの圧力のなかで、立憲民主党が当初、掲げてきた「国民のためのリベラル政策を実現したい」という政治理念はどんどん薄らいでいく。

私はテレビの討論番組などで、立憲民主党の国会議員と共演する機会が多くあったので、いまの日本の財政が世界一健全になっていて、消費税を撤廃しても財政上なんの問題もないことを放送中はもちろん放送が終わったあとも力説し続けてきた。

たとえば、小川淳也幹事長には、放送中に消費税を何％まで上げるのかを直接聞いた。小川幹事長は25％と答えた。

私は即座に「そんなことをしたら国民生活が破たんする」と抗議したが、彼の考えは微動だにしなかった。

長い付き合いのある長妻昭代表代行にも、何年か前に、国民生活の改善には積極財政への転換が不可欠だと話した。

ところが、長妻代表代行は、

「森永さんの話は理論としてはわかるんだけど、何か腑に落ちないんだよね」

と言い、私の意見は結果的に無視される形になった。

結局、立憲民主党のなかに、私の声に同意してくれた議員はほとんどいなかった。

ちなみに立憲民主党内でも、江田憲司氏を中心に60人程度の国会議員が反緊縮財政の政策を掲げている。それでも、彼らは党全体から見れば少数派で、党内での力も大きくない。力を持つことができないといえるかもしれない。

２０２４年の総選挙で立憲民主党・野田代表が掲げた「政権交代こそ、最大の政治改革」というキャッチフレーズは、国民に向けられたものではなく、所属議員に向けられたものだったのだろう。

与党を過半数割れに追い込んだことにより、安住淳氏が予算委員長に就任するなど、立憲民主党は国会内での大きなポストを獲得することには成功した。

理想の政治実現に燃えていた若き政治家志望者たちは、いつのまにか国民生活よりも、自分自身の国会議員という立場を守ることを優先するように堕落してしまったのだ。

第7章

官僚の保身

「官僚天国」への歩み

官僚の保身に関しては、拙著『官僚生態図鑑』（三五館シンシャ）に詳しく書いたが、お読みでない方のために、ごく簡単にそのエッセンスを振り返っておこう。

かつて日本のグランドデザインは、官僚が描いていた。官僚というのは、国家公務員のなかでも特別に選ばれた「スーパーエリート」の集団だ。

たとえば、財務省には税務署とか税関で実務を担う職員など、国家公務員が6万人以上いるが、彼らはふつうの公務員で、官僚とは呼ばれない。官僚というのは本省で総合職という「特別枠」で採用され、事務系の仕事に就き、政策をコントロールする知的エリートで、多くても数百人規模の集団だ。

政治家である大臣がコロコロ変わる一方で、それぞれの省庁が所管する分野の専門家である彼らが日本丸の舵取りを続けてきたのだ。

現役時代の彼らの報酬はけっして高いものではない。にもかかわらず、彼らは滅私奉公を続けてきた。理想の国家を築くという仕事そのものが、彼らにとっての最大の報酬だったからだ。

そこにくさびを打ち込んだのが、小泉純一郎政権だった。

小泉政権は、官邸主導を打ち出した。それは、経済財政諮問会議で決めた国家運営の基本方針に各省庁の官僚を全面的に従わせるという統治の方法の変更だった。

もちろん、国民が選んだ国会議員のなかから首相が選ばれ、その首相が国家運営の基本政策を決めるというのは、民主主義のあり方として正しい。

しかし、そうした官邸主導の政策決定が、官僚から仕事の喜びを完全に奪い去ってしまった。

仕事がつまらなくなった官僚は、どう行動したのか。

その行動基準は、国家の利益よりも、自らの利益を優先する「保身」だった。もともと優秀な人材だから、彼らは、国民に気づかれないように私腹を肥やす政策を着々と積み重ねるようになり、いまなおそれは続いている。

2025年現在、小泉政権のときのような、強い官邸からの指示はなくなった。

しかし、一度狂った歯車はそう簡単には戻らない。いまの日本は、確実に〝官僚保身天国〟への歩みを強めている。

本章では、最近の事例をいくつかあげながら、さらに考えてみることにしたい。

「一銭も払わない」は筋が通らない

厚生年金には60代後半の年金給付に関して「在職老齢年金」という制度があり、高所得者への年金支給が制限されている。

具体的には、厚生年金と月額報酬の合計が50万円を超えると、超えた分の2分の1が、厚生年金から減額される。

たとえば、厚生年金の給付額が月額10万円だと仮定すると、月額報酬が40万円までは厚生年金が全額支給されるが、月額報酬が50万円になると厚生年金の支給が5万円減額になり、60万円を超えると全額不支給となる。

こうした制度の存在が高齢者の就業意欲を阻害しているとして、現在、厚生労働省内で給付制限の上限を引き上げる検討が行なわれており、2025年の通常国会に改定案が提出される予定だ。

収入制限金額の引き上げが高齢者の就業意欲を高め、労働力供給増に結び付くかはよくわからない。そもそも高齢期に40万円以上の月給をもらえる能力のある人が、厚生年金が減額されるからといって就業を止めているとは考えにくいからだ。

ただ、私は別の視点から在職老齢年金制度は抜本改正が必要だと考えている。

そもそも厚生労働省は、「年金保険料は税金とは異なり、高齢期に自分自身に返ってくるお金だ」と説明してきた。だから、多くの国民は高い保険料の支払いに耐えてきたのだ。

ところが、いざ年金をもらう段階になって、「あなたはたくさん稼いでいるので、年金給付を減額、あるいは全額支給停止します」というのは筋が通らない。たとえば、民間の生命保険会社が、個人年金で高所得者には年金を支払わないと言ったら大問題になるだろう。

政府が厚生年金に所得再分配の機能を持たせていることは事実だ。高い厚生年金保険料を支払っている人ほど、基礎年金を含む受け取る年金総額と、支払った年金保険料の総額の比率は低くなっている。

だから、「あなたはいまたくさん稼いでいるのだから、厚生年金を少し減らさせてください」という年金制度の仕組みがまったく理解できないわけではない。

しかし、問題なのは、全額支給停止が行なわれていることだ。たくさん稼いでいるのだから、年金受給を少し我慢してほしいと言うのならまだわかる。しかし、「一銭も支払わない」では筋が通らない。

たとえば、所得税も累進課税になっていて、所得の多い人には高い税率が適用される。それでも、最高税率は45％だから、稼ぎの半分は本人が手にできる。

一方、厚生年金の場合は、たくさん働くと年金がゼロになる。それは、１００％の最高税率を課すのと一緒だ。いくらなんでもそれは社会正義に反する。

だから、在職老齢年金制度の改革は、単に給付制限が始まる収入金額を引き上げるだけでなく、同時に厚生年金減の限度幅を、たとえば50％までとするという制限をかけるべきだ。

そうしないと、年金保険料を払い続けたうえに、高齢期も70歳になるまでバリバリ働き、保険料を支払い続ける高齢就業者はあまりに理不尽な扱いを受け続けることになってしまうからだ。

そうした状況下、厚生労働省内で行なわれている見直しでは、現時点での制度で年金減額が始まる「50万円の壁」を

①62万円に引き上げ
②71万円に引き上げ
③制度撤廃

の3つのなかから決めることにしている。いまのところ62万円への引き上げが有力とされている。

ただ、在職老齢年金制度が高齢就業を抑制しているという明確な証拠はどこにもない。

また、「賃金センサス」（政府発表の「賃金構造基本統計調査」をもとに平均収入をまとめたもの）によると60代後半の平均月収は、正社員に限っても31万円にすぎない。現行の壁でも大部分の人は、在職老齢年金制度の影響を受けていないのだ。

さらに、在職老齢年金制度には抜け道がある。65歳で定年を迎えた時点で、会社との契約を雇用契約ではなく、業務委託契約に変更するのだ。そうすると、厚生年金ではなく、国民年金の対象になるから、いくら稼いでも厚生年金の減額は受けないことになる。

この手法は、人事労務の世界では公然の秘密となっており、大企業でも採用している会社が多い。

「マイルド官僚」の「マイルド天下り」

それでは、なぜいま「50万円の壁」の見直しが進められようとしているのか？

私は「マイルド官僚」のためだと考えている。

私がずっと批判してきたスーパーキャリア官僚は、天下り先で秘書と個室と専用車と交際費と海外旅行に加えて、年収２０００万円といった高給を食《は》んでいる。しかし、彼らの人数は少ない。公務員全体の０・１％にも満たないだろう。

一方で、天下りとはいえないくらいの処遇で、公務の関連団体や利害関係のある地元企業に再就職している官僚はスーパーキャリア官僚の数百倍いる。この人たちを私は「マイルド官僚」と名づけた。

現在、公務員の定年延長が進められていて、２０３１年には公務員の定年年齢が65歳になる。

そこから「マイルド官僚」は「マイルド天下り」に出る。

彼らの再就職には役所の無言の圧力がかかっているから、民間労働者にくらべ高い報酬を得ることができる。つまり、月収50万円の壁にぶつかりやすいのだ。しかも関連団体に再就職する場合などは、65歳の時点で業務委託契約に切り替えるといった柔軟な人事対応が難しい。

つまり、「50万円の壁」引き上げは、そうしたマイルド官僚の老後を救うことを最優先の目標にしているともいえるのだ。

厚労省は火事場泥棒だった

国民民主党が選挙公約として掲げた「103万円の壁」の引き上げに関して、自民・公明両党と国民民主党の協議が始まった。

国民民主党が要求する178万円への引き上げは無理でも、合計50万円程度の基礎控除と給与所得控除の引き上げが実現するのではないかという見立ても出ている。

ただ、私にはずっと懸念していたことがある。それが「106万円の壁」をどうするのかだ。

パートタイマーなどの給与所得者の年収が１０３万円を超えると所得税の支払いが発生する。その税金は１０３万円を超過した分の５％からで、地方税を含めても15％だ。

ところが、年収１０６万円を超えると社会保険料がかかるようになる。しかも１０６万円を超過した分ではなく、年収全体に30％かかるのだ。その半分が企業、残りの半分が労働者負担だから、税負担よりもはるかに大きい。

つまり、「１０３万円の壁」が引き上げられて、調子に乗って労働時間を増やすと、社会保険料負担が発生して、逆に手取りが減ってしまうのだ。

これを防ぐもっとも単純な方法は、「１０３万円の壁」の引き上げ幅と同額分、「１０６万円」の壁も引き上げることだ。

しかし、事態はそう簡単に進みそうにない。

厚労省が、「１０６万円の壁」そのものを撤廃して、週20時間以上働くすべての労働者に社会保険料納付の義務を課す方向で最終調整に入ったからだ。

現在、最低賃金の全国平均は時給１０５５円だから、実質的に年収１１０万円を超えるすべての労働者が社会保険料を支払うようになる。

「106万円の壁」といっても、これまでは従業員50人以下の企業のパートタイマーは年収130万円までは社会保険加入の義務がなかった。

ところが、厚労省は、その企業規模要件も撤廃するという。この制度変更によって、新たに200万人ものパートタイマーに社会保険加入が義務づけられ、手取り収入が大幅に減少することになる。

国民民主党の公約は、労働者の手取りを増やすことで、パートタイマーに関しては、無税・無保険料で働ける労働時間を増やすというものだった。

ところが、厚労省はどさくさに紛れて、とんでもない負担増を課そうとしている。まさに「火事場泥棒」そのものなのだ。

私はどうせそこまでやるのなら、週20時間という最低労働時間条件や、保険料が増えなくなる年収上限の条件も撤廃して、「1円でも稼いだら、30％の保険料を取ります」というように制度改正をしたほうがマシだと思う。そうすれば、年金未納の問題もなくなるし、現在保険料を支払っていない専業主婦への批判もなくなる。

ただ、この制度を導入するためには、保険料の課税ベースを収入から経費を差し引いたあとの所得に変更する必要がある。自営業者やフリーランスに収入ベースの保険料を課したら、みなつぶれてしまうからだ。税金は、収入ではなく、所得にかかっているのだから、できない相談ではないだろう。

しかし、そうした社会保険制度の保険料の抜本改革は一切議論されていない。そんなことをしたら、一般の給与所得者が負担する保険料を増やさなければならなくなる。そうなれば当然、公務員が負担する保険料も増えてしまうからだ。

それどころか、厚生労働省は、現在59歳までとなっている国民年金保険料の納付期間を64歳まで延長しようと画策している。自分たちが定年延長によって、60代前半の国民年金保険料の支払い義務の可能性がなくなると、60歳で引退した民間サラリーマンにはペナルティーを与えるような形で、5年間で100万円もの保険料支払いを求める。

官僚による、官僚のための年金制度改革が進められているのだ。

休まず、遅れず、働かず

これまで60歳だった国家公務員の定年年齢は、2023年度から61歳、2025年度から62歳と、2年ごとに1歳ずつ延長され、2031年度からは65歳になる。

厚生労働省の「高年齢者雇用状況等報告」(2022年)によると、定年年齢を65歳としている民間企業は22・2%にすぎない。そのなかで国家公務員の定年年齢をいきなり65歳に延長するというのは、民間相場を大きく上回るお手盛りだ。しかも、61歳以降も60歳時の7割の給与が支給されるという好待遇なのだ。

そもそも、国家公務員の給与は、民間全体とくらべて高水準になっている。国家公務員の平均年収は677万円だが、「民間給与実態統計調査」による民間の平均年収は389万6000円で、国家公務員のほうが74%も高い。人事院が、大企業の正社員の給与だけを調査し、そこに国家公務員の給与を合わせているからだ。

また、中央省庁で働く官僚の給与には地域手当が支給されている。2005年に新設された制度で、勤務地の都市規模に応じて国家公務員に地域手当が加算される仕組みだ。

「東京23区」に勤務していると、給与に20%の地域手当が加算されている。東京都千代田区の霞が関に勤務する官僚は、当然のことながら20%加算の地域手当を得ている。これまたお手盛りの給与制度だ。

現役時代にそうした高報酬を得ておいて、さらに好待遇を65歳まで継続させる。これが、官僚がひっそりと進める人事制度改革なのだ。

いまの立場を維持すれば好待遇が得られるのだから、官僚自身は「保身」を優先し、「休まず、遅れず、働かず」に行動する。これが、小泉政権による官邸主導の行政改革の結末なのだ。

月で暮らすという〝妄想〟のために

2024年度の補正予算審議で一番大きな問題になったのは、国民民主党が補正予算案に賛成することと引き換えに要求した「103万円の壁」引き上げだった。小渕内閣が導入した定率減税以来、4半世紀ぶりの本格減税策に財務省はあらゆる手段を講じて徹底抗戦した。

その一方、補正予算案には、1兆5000億円のAI・半導体開発支援と、3000億円の宇宙開発支援が含まれていた。

これについて、財務省の抵抗はなかった。それはなぜか？

「年収の壁」引き上げは恒久減税であるのに対して、バラマキは一度だけなので、負担が小さいという理由はもちろんある。

しかし、財務省にとっては、減税では天下り先は増えないが、バラマキでは天下り先を増やせるという本音も隠れているのではないか。

天下りの数に関しては、第二次安倍政権が行なった天下り規制強化によって一時的に減少したのだが、次ページの図に示すように、その後、規制をかいくぐる形で猛烈な勢いで復活してきている。

それだけではない。天下り官僚１人が受け取る報酬も急拡大している。それは、天下り官僚が複数企業の社外取締役を兼務するというやり方だ。

この社外取締役の報酬だけで、トップクラスの天下り官僚の報酬は４０００万円を超えている。

また、公開義務のある社外取締役の報酬と違い、企業の顧問や相談役の報酬には公開義務がない。それらを含めると、トップクラスの天下り官僚が受け取っている年間報酬は数億円にも達するという。しかもそれが70代になってもずっと続いていく。

国家公務員の再就職者数

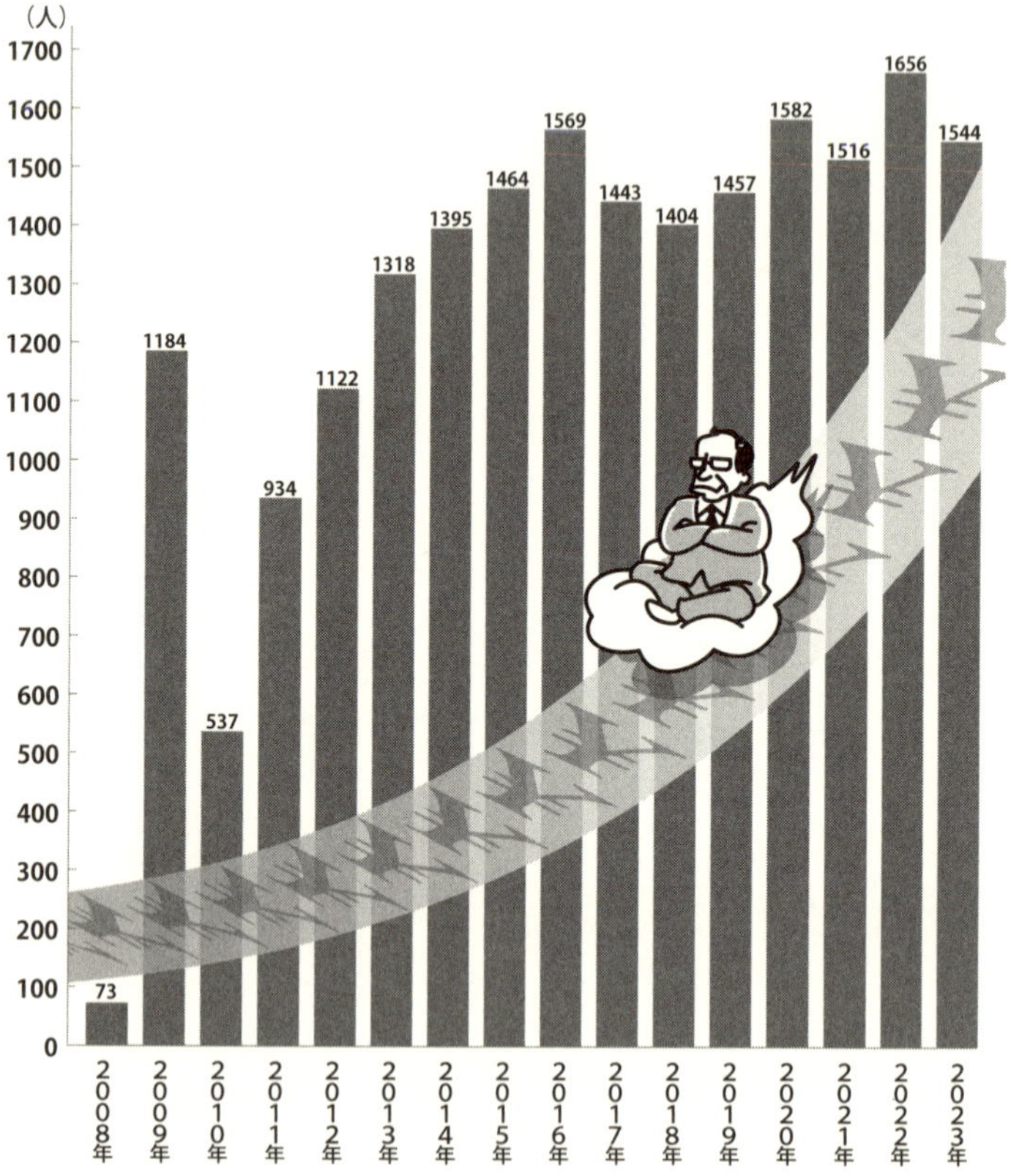

出典：内閣官房内閣人事局
「国家公務員法第106条の25第1項等の規定に基づく国家公務員の再就職状況の報告」

庶民が2000万円の老後資金を確保できずに右往左往するなかで、天下り官僚だけが使い切れないほどお金が転がり込んでくる豊かな老後をすごすことができる。官僚が、天下り先の維持・拡大に熱心に取り組む理由がそこにある。

そして、「天下り先の確保」という目標が優先されることで、日本経済を成長させたり、国民生活を豊かにする政策は後回しにされる。

前述の3000億円にものぼる宇宙開発予算には、本当に必要性があるのだろうか？

ロケットの打ち上げに関しては、2024年11月26日、JAXA種子島宇宙センターで開発中の小型ロケット「イプシロンS」の2段機体の燃焼試験中に再び爆発事故が発生した。2023年7月に同様の事故を起こして以来、2度目の失敗だ。原因究明や試験施設の復旧が必要となるため、イプシロンSの打ち上げは相当期間遅れることは確実だ。

民間も同様だ。東京のベンチャー企業「スペースワン」が開発した固体燃料式の小型ロケット「カイロス2号機」は、2024年12月18日に和歌山県串本町にある発射場から打ち上げられたが、上昇中にトラブルが発生し、打ち上げは失敗した。

ロケットは、すでにアメリカのスペースX社が大量の打ち上げに成功しており、日本独自の打ち上げ技術の確立が必要なのか不明だ。そもそもこれだけの遅れをとってしまった以上、世界のレベルに追いつくことはすでに非常に困難になっている。

また、日本の宇宙開発ベンチャーは、月面に工場や農地、生活拠点を作ることをメインにしていることが多い。

しかし、月で暮らすメリットがどこにあるのだろうか。

月で暮らすためには、水や空気や農産物を作らないといけない。それには莫大なコストがかかる。そもそも日本には、豊かな水や空気に恵まれた土地がいくらでもある。それらを見捨てて、月に行く必要性が私にはどうしても理解できない。

月で暮らすという〝妄想〟のために莫大な予算を使うのであれば、その分を生活が苦しい庶民に減税したり、国立大学の授業料を無償化したりしたほうがずっとよいと思うのだが、そんな話は出てこない。

たとえば、2012年2月11日の「しんぶん赤旗」(電子版)の報道によれば、国産スパイ衛星の開発費として、政府から4100億円の開発資金を受け取った三菱電機には、2000年7月以降の判明分だけで150人もの天下りが明らかになっている。

もちろん現時点で宇宙開発企業に大量の天下りが行なわれているわけではない。天下りの斡旋は法律で禁じられているので、タイムラグを取らないと天下りができないのだ。ただ、補助金を出しておけば、将来の天下り先確保の布石になる。

結局、いま優先されている政策は、官僚たちが天下り先をいかに拡大するのかという基準で決まるようになってしまっているとしか考えられない。

官僚がそんなことばかりしているから、日本経済はずるずると転落しているのだ。

「異次元の少子化対策」はこうして失敗した

2024年に国内で生まれた日本人の子どもは、68万7000人となる見込みとなった。統計のある1899年以降、過去最少の出生数だ。

次ページの図を見ると、2022年に出生数が初めて80万人を割って、猛スピードで出生数の減少が続いていることがわかる。

そのことは、岸田文雄政権の看板政策だった「異次元の少子化対策」が完全な失敗

出生数の推移

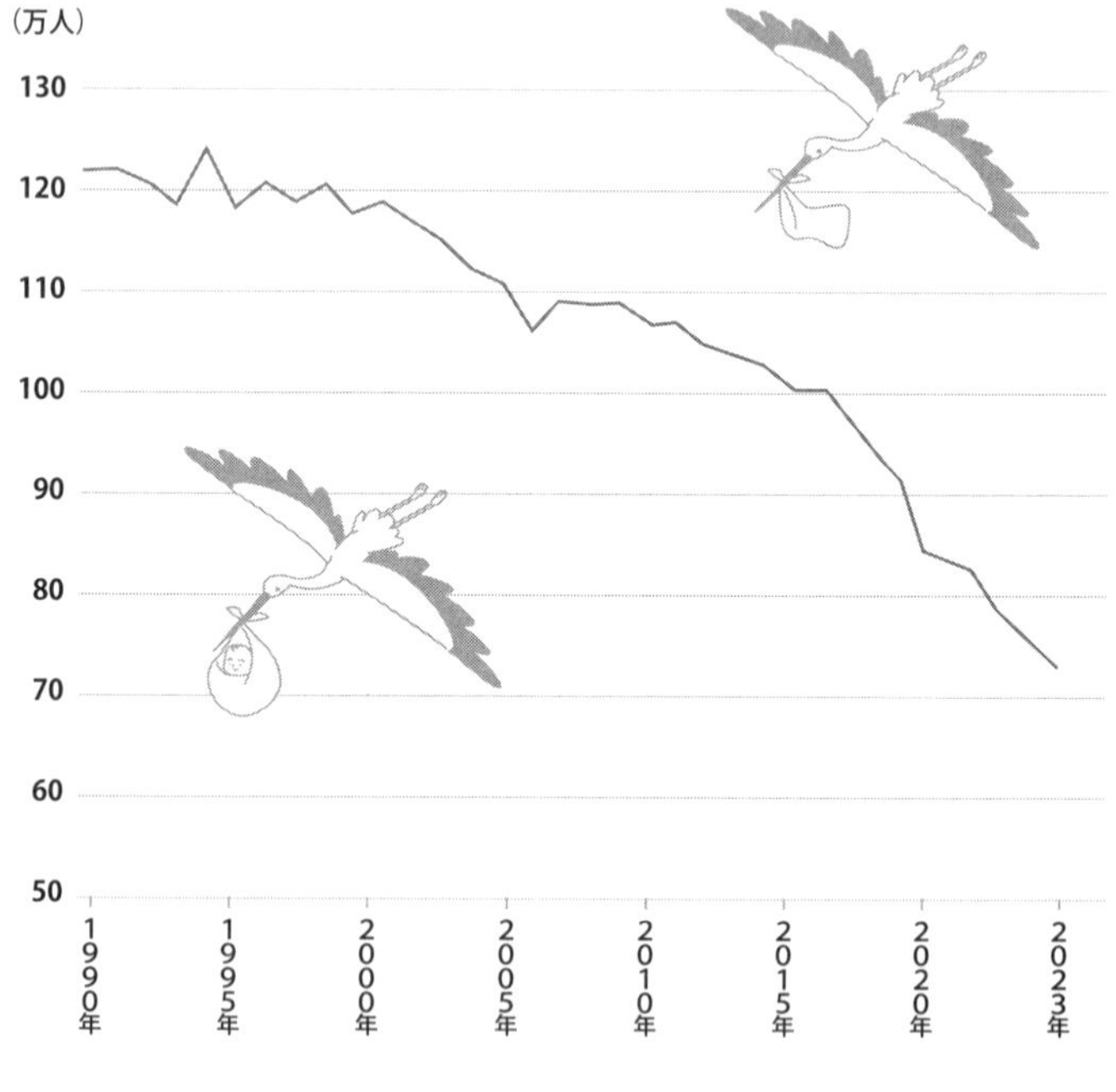

出典：厚生労働省「人口動態統計」

に終わったことを意味する。
しかし、この事態は予想されていた。岸田政権の行なった少子化対策は、少子化防止にはほとんど役に立たない支援策のオンパレードだったからだ。

岸田政権の少子化対策がなぜ失敗だったのかを理解するために、そもそもなぜ日本の少子化が進んでいるのかを考えてみよう。

次ページに掲げる図は、夫婦の完結出生児数（結婚持続期間が15～19年の初婚同士の夫婦の平均出生子ども数）の推移を見たものだ。

これによると、1970年代から2002年まで完結出生児数は2・2人前後で推移していたが、2005年からはやや減少傾向となっている。ただ、2021年でも1・90という数字で、これは結婚すれば、ほぼ2人の子どもが生まれていることを示している。

それでは、なぜ少子化が進んでいるのか。その答えは、「結婚しなくなっている」からだ。146ページの図をご覧いただくと、未婚率が急速に上昇してきていること

完結出生児数の推移

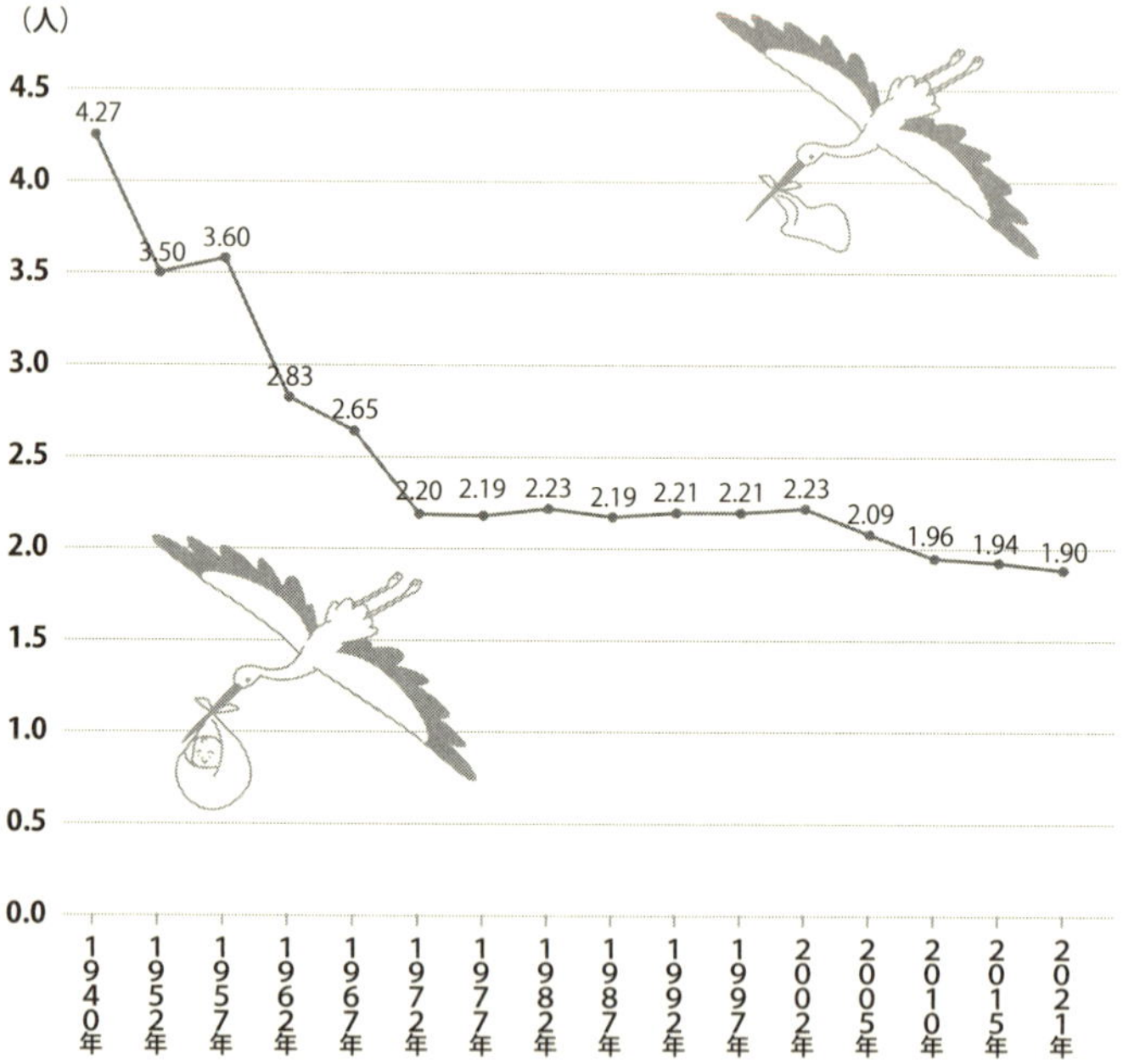

出典：国立社会保障・人口問題研究所「第16回出生動向基本調査」（2021年）

がわかるだろう。

１９８０年、30代前半男性の未婚率は21・5%だった。それが２０２０年には51・8%にまで上昇している。未婚率が2割から過半数へと急増している。ほかにも25～34歳の男女問わず、軒並み未婚率が上昇しているのだ。

たとえば、フランスであれば、未婚でも子どもは生まれている。しかし、日本では未婚者が子どもを持つことに対して、さまざまな社会的圧力や差別が存在するため、現実問題としてそうした選択をすることが難しい。

だから、「結婚しないから子どもが生まれない」というのが、いま日本で進んでいる少子化の本当の原因なのだ。

そして、私は未婚率上昇の原因は、「結婚しない」からではなく、「結婚できない」からだと考えている。

雑誌「cancam」が行なった調査（cancam.jp　２０２４年1月26日更新）で、結婚相手に求める条件を見ると、男性では、

1位「優しさ・思いやり」、2位「一緒にいて楽かどうか」、3位「性格が合うこと」、

年齢階級別未婚率の推移

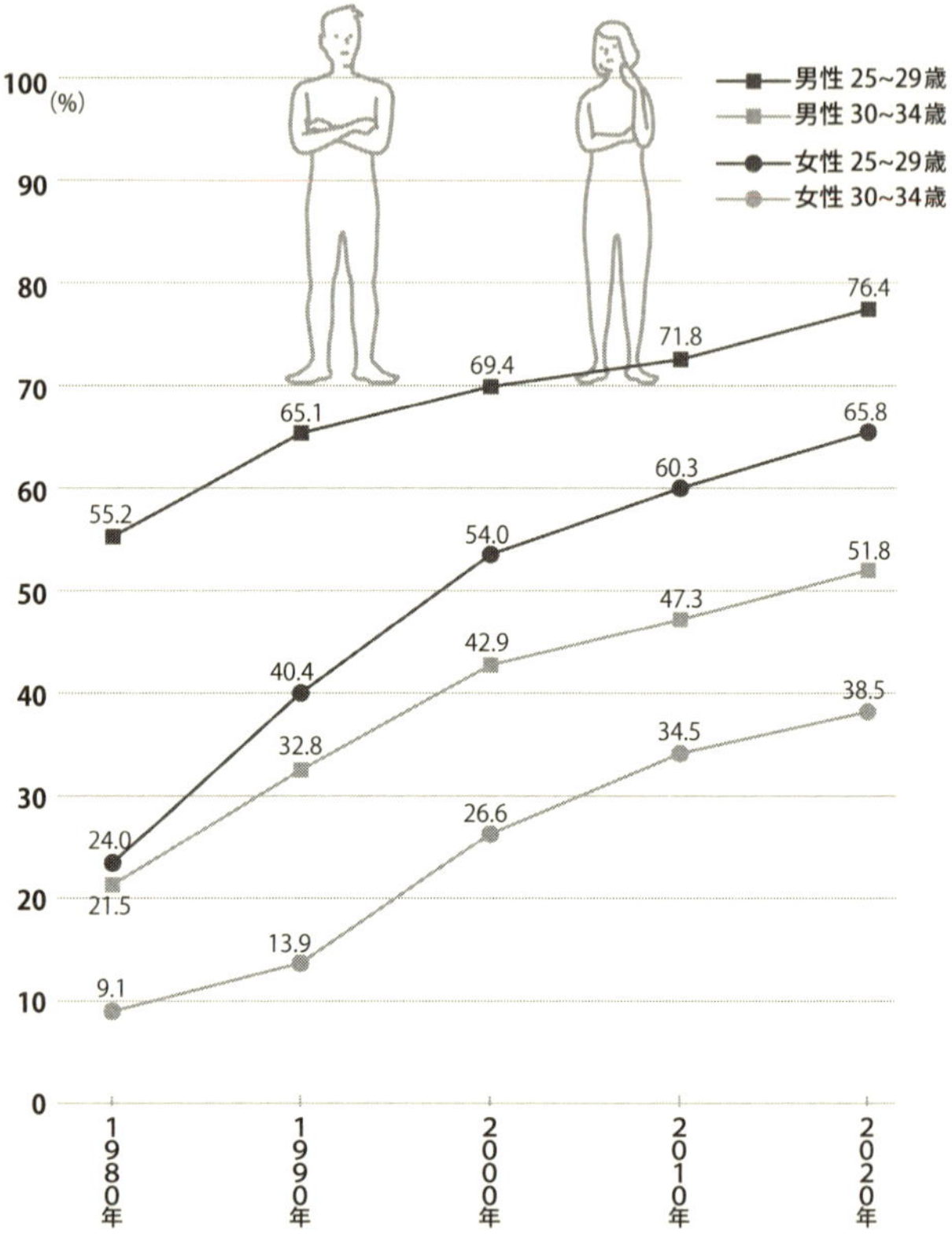

出典：総務省統計局「国勢調査」（2020年は不詳補完値）
（「厚生労働白書」令和５年版）

4位「家事能力・生活力」、5位「金銭感覚」……となっているのに対し、女性が結婚相手に求める条件を見ると、
1位「優しさ・思いやり」、2位「一緒にいて楽かどうか」、3位「経済力」、4位「金銭感覚」、5位「性格が合うこと」の順となっている。男性ではランキングに入っていない「経済力」が3位に入っているのが大きな特徴だ。

私が見ていて結婚できる男性が持つ特徴は、①ルックス、②トーク力、③カネの3点だ。

ルックスは持って生まれた素材の問題があるし、トーク力は鍛えるのに時間がかかる。才能の問題もある。結局、手っ取り早くて確実なのはカネなのだ。

それでは、相手の年収がいくらあれば結婚を考えるのか？

「cancam」の調査では、少なくとも年収300万円台、理想的には400万円台以上というのが主流派の考えになっている。

ちなみに結婚相手に期待する年収に関しては、私も2年に1度くらいのペースで、ゼミの女子学生に意向を聞いている。

私のゼミの学生は要求基準が高くて「年収500万円以上」とする学生が多いのだ

年収区分別の未婚率

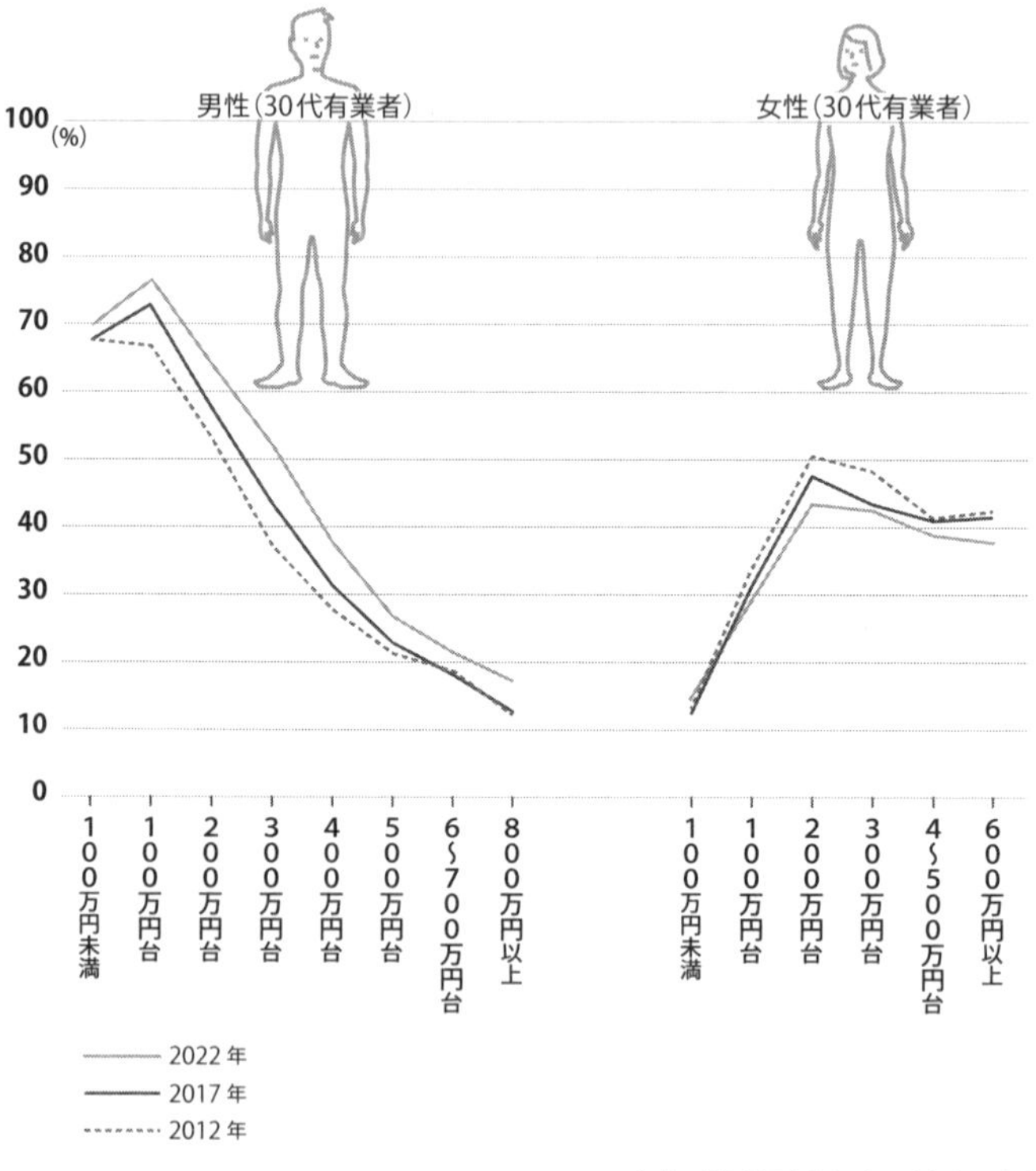

出典：「経済財政白書」（令和５年）

が、「cancam」の調査と、私のゼミ生に共通しているのは、年収100万円台以下の非正社員はそもそも結婚相手として認識されないということだ。

そのことは統計でも確かめられる。

右の図を見ていただきたい。たとえば30代男性の場合、2022年の「年収800万円以上」の人の未婚率は17・3％で、6人に5人が結婚しているのに対して、非正社員の平均的な所得である「年収100万円台」の未婚率は76・3％と、4人に1人しか結婚していないのだ。

こうした事実を見つめれば、結論は明らかだ。

少子化を止めようと思ったら、低所得層の徹底した所得の底上げが不可欠なのだ。

ところが、いま行なわれている少子化対策にそうした視点は一切入っていない。それどころか、少子化対策を口実に、あるいはそのどさくさに紛れて、共稼ぎ世帯の利権を拡大する政策が多々あるのだ。その事例を見ていこう。

少子化対策でトクする人、損する人

岸田前総理が打ち出した「異次元の少子化対策」の最大の目玉は児童手当の拡充だ。これまで中学生までだった児童手当を高校生まで期間延長し、第3子以降は手当の額を倍増させて月額3万円とする。そして、児童手当の所得制限を撤廃するというのが対策の基本構造になっている。

こうした対策で、子育て世帯の家計がどれだけ潤うのか、第一生命経済研究所が推計を発表している。

実質増収は、子どもが1人の場合、年収300万円世帯（夫婦で年収の多いほうが300万円）は20万円、500万円世帯は15万円、年収700万円世帯は3万円だ。しかもこれは年額ではない。生まれてから高校を卒業するまでの総額だ。

子ども1人を大学までやると2000万円の教育費が必要とされるなか、こんな微々たる額で、子どもを持とうと思う人は皆無だろう。ちなみに、年収700万円の場合、なぜ3万円と恩恵が極端に少ないのかといえば、高校生にも児童手当を給付することと引き換えに、その間の扶養控除を廃止することが計算の前提になっているからだ。

一方、子どもが3人だと、年収300万円世帯で350万円、年収500万円世帯で337万円、年収700万円世帯で314万円と、それなりの恩恵がある。

しかし、ここにワナが潜んでいる。月額3万円の児童手当をもらえるのは、第3子だけだが、高校を卒業した子どもは、子どもとはみなさないというルールになっている。つまり、第1子が高校を卒業すると、第3子は第2子とみなされるため、3万円の児童手当をもらうことはできなくなるのだ。このルールの下では、高校卒業まで3万円の児童手当をもらえるのは、ほぼ3つ子の場合だけということになる。異次元の少子化対策どころか、異次元のシブチン政策だ。

こんな小さなことをするために、異次元少子化対策の予算規模は年間3兆5000億円で、財源として医療保険料の引き上げや社会保障カットを予定している。

しかし、もっと役に立つ子育て支援策はたくさんある。

たとえば、学校給食費の無償化に必要な財源は5000億円、国立大学の無償化は3000億円もあれば可能だ。なぜ政府は、そうした政策を採らないのか。

じつは、今回の児童手当拡充で大きなメリットを得る層がある。それは高所得層だ。たとえば、年収1100万円世帯では、子どもが1人で114万円、子どもが3人だと691万円もの手取り増となる。児童手当の所得制限が撤廃され、いままで受け取ることができなかった児童手当を受給できるようになるからだ。

年収1000万円を超えるサラリーマンは、国税庁統計によると全体の5%しかいない。そうした層だけをターゲットにして、子育て支援をしても、大きな効果がないのは明らかだろう。

それでは、なぜそんな政策が採用されたのか?

霞が関で働くキャリア官僚は、40代で課長になると、年収が1200万円程度になる。30代の課長補佐でも1000万円近い年収を得ている。

異次元少子化対策でもっとも大きなメリットを得るのは、政策立案者である彼らなのだ。

「子ども・子育て支援納付金」は〝ついでに〟徴収

岸田政権が打ち出した異次元少子化対策のもう1つの目玉は、育児休業給付を実質手取り収入の10割へと増額することだ。2025年4月1日から育児休業給付（育休手当）の給付率が引き上げられる。

それまでの育児休業給付は、育児休業開始から6カ月までは、賃金の67%が支給されることになっている。ただ、育児休業給付には税金や社会保険料がかからないため、手取りベースだと支給割合は実質約8割になっている。

2025年4月1日からは、従前の育児休業給付に加えて、両親とも14日以上育児休業を取得すると、賃金の13%が上乗せされ、合計80%になるという仕組みが導入される。これは手取りベースにすると、約10割、つまり育児休業をしていても手取り収入は一切減らないという仕組みに変更されるのだ。ただし、給付率が手取り10割になるのは最大28日間となっている。

こうした子育て支援がまったく意味を持たないとはいわない。しかし、岸田政権の異次元少子化対策は、明らかに共稼ぎのエリート優遇になっている。野党や低所得者が求めていた学校給食の無料化は「課題を整理する」ことにとどめているからだ。

しかも問題は、こうした子育て支援の財源を税ではなく、実質的に健康保険料の引き上げに求めていることだ。

政府は、２０２６年度から「子ども・子育て支援納付金」の制度を創設して、医療保険者から支援納付金を徴収することを決めている。この支援納付金によって、

①出産・子育て応援給付金の制度化（妊婦支援給付金）（２０２５年４月〜）

②共働き・共育てを推進するための経済支援（出生後休業支援給付金・育児時短就業給付金）（２０２５年４月〜）

③国民年金第１号被保険者の育児期間中保険料免除（２０２６年４月〜）

④こども誰でも通園制度（乳児等支援給付）（２０２６年４月〜）

⑤児童手当（２０２４年10月〜）

⑥子ども・子育て支援特例公債の償還金

などがまかなわれることになっている。

子ども・子育て支援納付金は、すべての健康保険加入者だけでなく、後期高齢者にまで課せられる。

要するに、増税するのは難しいから、健康保険料の徴収のついでに子育て支援拡充の費用も加入者全員から徴収してしまおうという魂胆なのだ。まさに少子化対策とい

う錦の御旗の下で行なわれる火事場泥棒だ。

もちろん、子育て支援が不要だといっているわけではない。社会全体で子育てを支援するということは重要な施策だ。

しかし、そうした支援が拡充されたら、いま子育てに奮闘している世帯が、「もう１人、子どもを産んで育てよう」と思うかどうかは別問題だろう。

「適齢期」をすぎた男女には…

じつは採用されなかった少子化対策のなかに、結婚するカップルを増やす、あるいは夫婦が持つ子どもの数を増やしうる可能性を持つ対策があった。

それが、N分のN乗課税の導入だ。N分のN乗課税とは、個人単位ではなく、世帯単位で課税する所得税の課税方式だ。

そもそも所得税の課税方式は、個人課税と世帯課税の２つに分かれる。

日本は個人ごとに税額が決まる個人課税だが、主要国で個人課税を採用しているのはイギリス、カナダぐらいで、アメリカやドイツやフランスは、世帯所得に課税される。フランスが導入しているN分のN乗課税や、アメリカやドイツが導入している2分の2乗課税では、結婚するカップルに所得差があれば、必ず結婚後の納税額は減少する。つまり、結婚に対して事実上の補助金が与えられるのだ。

しかし、岸田前総理は導入に否定的だった。国会でも「共働き世帯にくらべて片働き世帯が有利になることや、高額所得者に税制上大きな利益を与えることなど、さまざまな課題がある」と答弁している。

片稼ぎ世帯が有利になるのは、そのとおりだが、そもそも国際的に見て、日本が片稼ぎ世帯に対してとてつもない高負担を強いていることを考えるべきだろう。

これまでも政府や地方自治体はさまざまな少子化対策を講じてきた。

しかし、それらが効果を持たなかったのは、実質的内容が育児支援だったからだ。育児支援とくらべると、結婚支援のほうが難しい。かつて行なわれた戦時人口政策の苦い経験もあるし、一歩間違えれば人権侵害にもつながる。

だからこそ、結婚するカップルをどうしたら増やしていけるのかを、早急かつ慎重に、そしてまじめに議論し始めなければならない。

そうした議論が行なわれない最大の原因は「官僚バイアス」だと思う。

政策を考えるキャリア官僚は、共稼ぎのパワーカップルになっているケースが多い。彼らは、どうしたら少子化を食い止められるのかという国家の問題よりも、まず自分たちの子育てに何をしてくれたら嬉しいか考える。つまり、官僚の「保身」だ。

そうすると「保育所の待機児童解消」とか「出産一時金の増額」とか、子育てに対する金銭支援の話になる。そうした施策に効果がないとはいわないが、誰でも結婚できる世のなかにしないと出生数は回復しない。ところが、現状は、少子化対策を口実に、パワーカップルの生活を改善する政策が進められているのだ。

政府が子育て支援策に終始し、出生数の増加に結びつく低所得者の収入底上げをしない理由に関しては、官僚バイアスのほかに重要な事情がある。

財政の問題だ。

財政的な負担が大きいのは高齢者と子どもだ。子どもには義務教育以外にもさまざまなコストがかかる。子どもは納税をしないから、純粋な持ち出しだ。財政的に一番負担の小さい社会は、子育て期間に家にいる女性全員を労働市場に引っ張り出し、税金と社会保険料を払ってもらうようにすることなのだ。

問題は社会や企業にもある。かつては「適齢期」をすぎた男女には、近隣住民や親せきや会社の上司がお見合い写真を持ってきて、半ば強制的に結婚をさせていた。いまではそうした行為はすっかり下火になった。会社が結婚を勧めるようなことをすれば、セクハラで訴えられる。その結果、社会として結婚を推進するようなことを言いにくい世のなかになった。

もちろん結婚は本人の自由で強要されるようなものではないが、結婚ができる環境を作り出す重要性は高まっている。

企業は、社員に対して、結婚や子育てが可能となるよう十分な所得や余暇を確保する必要がある。同時に、非正社員についても結婚・子育てが可能になる労働条件を考えていくべきだろう。

さらに、企業が、男女の出会いの機会創出に踏み出してもよいのではないだろうか。従業員が安定した家庭を持つことは、勤労意欲の向上を通じて企業の経営面にもプラスをもたらす。それは同時に、長期的に少子化を食い止めることにつながり、日本の経済社会を発展させることにもなるはずだ。

第8章
若者の保身

「どんなときに一番幸せを感じますか？」

日本中で進む「保身」の被害者は、若者たちだ。保身を図る人々が目先の利権確保のために没落させた経済社会を、長く生きなければならないのは彼らだからだ。

じつは、若者の地獄はすでに始まっているといってよい。ブルシット・ジョブの拡大だ。

1984年に15・3％にすぎなかった非正社員の比率は、いまや4割に迫っている。彼らの担う仕事は、基本的にマニュアル労働で、企業の歯車としての活動に働く喜びはない。

最近では、そこにコンピュータ管理が入り込んで、労働がますます苦役化している。心を持つ労働者が、心を持たない労働力へと転換されているのだ。そうした事情は、非正社員だけでなく、トップダウン経営によって正社員にも広がっている。

自由裁量のある仕事なら、少々長時間労働をしたところで疲れない。しかし、マニュアル労働は心底大きな負担をもたらす。それでも生きていくためには働かないといけないから、翌日また栄養ドリンクを飲み、疲れた体にムチ打ってブルシット・ジョブに出かけていく。

「どんなときに一番幸せを感じますか？」

私が若者たちにこう尋ねた際、ショッキングな答えが返ってきた。

「たまの休みの日に布団から一歩も外に出ずに、ずっとスマホをいじっているときが一番幸せです」

それでも彼らはこれまで反乱を起こさなかった。政府や評論家が流すウソにすっかりだまされてきたからだ。

政府が言い続けるウソ

1つは、政府が言い続ける「賃金が上昇すれば暮らしは良くなるのだから、企業が高い賃金を支払えるように国全体で支援しましょう」という主張だ。

たとえば、吉野家が2024年10月9日から1週間限定で牛丼を100円引きするキャンペーンを実施し、498円だった並盛が398円となった。

私はニッポン放送のラジオ番組でその話題を採り上げ、「やればできるじゃないか。1週間といわず、ずっとやってほしい」と発言した。

私は消費者として当然のことを言っただけだと思っていたのだが、その後、私の発言に若者中心に非難が殺到した。

「森永は経営のことがまったくわかっていない。そんなことをしたら、吉野家が倒産してしまう」

たしかに20％の値下げを続けたら、赤字になると思われるかもしれない。

しかし、そうでもないのだ。2024年2月期の吉野家HDの連結決算（はなまるなどを含む）によると、吉野家の原価率は35％だ。大雑把にいえば、牛丼並盛の原価は175円程度ということになる。原価以外に家賃や電気代などの間接経費がかかるのだが、それらは固定費で、売上げに連動しない。細かい計算は省くが、吉野家が値下げで20％売上げ減になっても、そのことで客数が増えて、実際の減収が7％にとどまれば、赤字転落は避けられる。20％の値下げで16％客数を増やせばよい計算だ。

それは、不可能な話ではないだろう。そもそもサラリーマンの懐具合を考えたら、牛丼は卵などのトッピングを加えてもワンコイン以下というのが限界価格だ。逆にいえば、それを実現すれば確実に客は戻ってくる。

そういう話をすると、今度は「そうした発想するから現場の賃金が上がらないのだ」という批判が出てくる。

しかし、それもまた間違いだ。

賃金は個別企業の経営状況で決まるのではなく、労働市場全体の需給で決まるものだからだ。現に岸田政権のなかで進んだ値上げによる収益拡大のうち、賃金に回されたのは1割未満で、大部分は企業の利益拡大に回っているのだ。

企業の儲けはどこへ行く

もう少し具体的な話をしよう。2024年4月19日の「週刊エコノミスト Online」は、「株価好調でも消費低迷『強欲インフレ』で際立つ明暗」と題した次のような記事を掲載している。

欧州で生計費危機とも言われるインフレが起きていたころ、原材料コストを上回る値上げで企業収益は好調だった。国民の苦しみをよそに値上げでもうけた企業への不満を込めて、その状況は「グリードフレーション（強欲インフレ）」と呼ばれた。

似たようなことが最近の日本でも起きていた。それはGDPデフレーターという物価指標でわかる。GDPデフレーターには、輸入コストの転嫁で値上げされた分は含まれず、それを上回る値上げ、いわゆるホームメード・インフレだけが反映される。そのGDPデフレーターが、直近ボトムからの5四半期でプラス5・5％と記録的な上昇になった。

前述の通り輸入コスト分は含まれないので、この値上げで得られた利益は国内の企業と労働者に分配される。企業の取り分をユニットプロフィット（UP）、労働者の取り分をユニットレーバーコスト（ULC）と言う。衝撃の事実は、5・5％の値上げ分のうち5・3％分が企業の手元に残り、賃金として労働者に還元されたのはわずか0・1％分だったということである（四捨五入のため合計不一致）。企業が悪意で行ったことではないので「強欲」と言うのは少し違うが、結果論として、こんなに値上げできるなら昨年もっと賃金を上げられたはずだ。

具体的な計算手法まで踏み込むと、膨大な解説が必要になってしまうので割愛するが、この「エコノミスト」誌の分析が正しい手法で行なわれていることは、こうした分析を生業にしてきた私が保証する。

そして、重要なことは、日本で平均5・5％の値上げがされたのに、働く人に分配されたのはたった0・1％分だけだという事実だ。

つまり、いくら企業が値上げをしても、それは企業の利益を増やすだけで、労働者にはほとんど分配されなかったのだ。

その結果、第二次安倍政権が発足して以降、企業の内部留保は2倍以上に膨らみ、いまや600兆円を超えている。一方で、実質賃金は前年比マイナスを続けている。

企業が利益拡大を賃金に回さない以上、労働者の生活を豊かにする唯一の方法は、企業に対して徹底的な値下げを要求することだ。

もともと経済学では、完全競争市場の下では企業間競争によって、利益はゼロになると想定されている。

だから、消費者は、経営者的な発想で企業の利益を懸念する必要などまったくないのだ。

いま消費者に求められていることは、1円でも安い商品を選択することだ。消費者がそうした行動をとることが、企業間競争を促進し、われわれの暮らしを改善する唯一の方法となるのだ。

ちなみに私は「値上げに理解を」という空気に対抗するため、逆に値上げを我慢して頑張っている企業を徹底的に応援している。つまり、値上げしない企業の商品を買うのだ。

たとえば、ファミレスのサイゼリヤでは、いまだに「ミラノ風ドリア」が税込300円で食べられる。

また、全体的に値上げをした企業でも、低価格メニューを残しているケースもある。たとえば、マクドナルドでは、スマホアプリのクーポンを利用するとハンバーガーのハッピーセットが税込400円で買える。ハンバーガー+ドリンクS+ポテトSにおもちゃまでついて400円だ。

商店街にも、値上げを我慢している惣菜店や飲食店などの零細企業がたくさん残されている。血のにじむような企業努力で、値上げを避けているのだ。

消費者が真剣に「安い商品」を探して、その需要を増やしていかないと、値上げを我慢して頑張っている企業が倒産したり、格安メニューが消滅してしまう。

そうなれば、値上げによって利益を拡充させている企業の思うツボになってしまう。

いまこそ消費者は節約に走るべきなのだ。

高齢者は年金をもらいすぎか

若者の勘違いの最たるものは「自分たちの暮らしが厳しいのは、高齢者が手厚い社会保障給付を受けていることだ」とする認識だ。

若手論客の大部分は、こうした〝高齢者犯人説〟を唱えている。なかでも極端なのは、イエール大学アシスタントプロフェッサーの成田悠輔氏だ。

成田悠輔氏は、「高齢者は老害化する前に集団自決、集団切腹みたいなことをすればいい」という発言を繰り返している。

高齢者のせいで若者が損しているというのは本当なのか？

年金給付の国際比較を見ると、年金の所得代替率（現役世代の手取り収入の何％の年金をもらっているのかという数値）は、欧米諸国が7割程度であるのに対して、日本はその半分しかない。実際、私の周囲を見ても年金だけで豊かな老後をすごしている高齢者などどこにもいないのだ。

若者の暮らしが悪化した本当の原因は、財務省の緊縮財政と、労働に関する規制緩和で労働者を労働力に変えたことなのだが、日々のブルシット・ジョブで疲れ果てた若者の思考は到底そこまでたどり着かない。

彼らはちょっとした空き時間をスマホのSNSに使うことでストレスを和らげ、たまの贅沢として、ライブとか、フェスとか、ディズニーリゾートに出かける。それは当然、楽しい時間だ。楽しいように作られているからだ。

ただ、そうした時間をすごすためにお金を消費し、彼らはますます貧乏になっていく。

若者たちもこんな暮らしを続けていたら、老後をすごせないという危機感を抱いている。そこで彼らの主流派は、コスパのよい暮らしをして資金を作り、それを投資で増やそうとする。そうした彼らの「保身」行動が、既得権益層の思うツボになっている。

政府が「貯蓄から投資」へという掛け声のもと、新NISAを活用した投資を推奨している。

しかし、お金が自ら増えることなどない。お金が増えるのは、働いたときと他人から奪ったときだけだ。投資でお金が増えると信じている人は、「株式の時価総額は、右肩上がりで増えているではないか」と思うだろう。しかし、第3章で述べたとおり、それは「バブル」が起きているからだ。

マルクスは、商品の価格は、労働価値か使用価値で決まるとした。製品を製造するのにどれだけの労働力が投じられているのか、あるいはその製品がどれだけ暮らしの役に立つのかで価値が決まる。ただ、この2つの価値は一致する。企業が使い道のない商品を、手間をかけて作ることはないからだ。

ところが、現実の世界では、商品価格がしばしば労働価値や使用価値を大きく超えて値上がりする。本質的な価値がなくても、欲しい人がいれば、いくらでも値段は上がる。投機が行なわれるからだ。

とくに金融商品は、取引のほとんどが投機で成り立っている。

たとえば、為替市場では、取引の99％以上が投機だし、株式市場もほぼ同様だ。そもそも資本主義自体が投機を活用する経済システムだから、バブルの発生と崩壊は資本主義の宿命となる。

繰り返すが、いま世界を覆っているバブルは筋が悪すぎる。エヌビディア1社の時価総額が日本のＧＤＰと肩を並べるのはとてつもない過大評価だし、宇宙開発は妄想に近い。月に行かなくても、はるかに暮らしやすい土地が地球上にいくらでもあるからだ。

経済理論では、株価は将来受け取る配当金の現在価値を合計したものとなっている。しかし、完全競争の下では、企業の利益はゼロになるから、配当金もゼロになる。つまり、株式は、本来無価値のものなのだ。

現在発生している人類史上最大のバブルが崩壊すると同時に資本主義が終われば、株価は永久に戻らない。自分たちの老後を支えてくれると信じた投資は、そう遠くない将来に溶けてなくなる。いまの若者たちに残されるのは、死ぬまで続くブルシット・ジョブだけになるのだ。

給付は下がり、負担は上がる

私が若者と話していて、一理あるなと感じることがあった。

「世代間対立を煽るのはやめよう。キミたちもすぐに高齢者になるんだよ」

ある番組でそう言ったところ、若手論客はこう返してきた。

「そんなことはわかっています。われわれは、いまの高齢者が受け取っている社会保障給付を批判しているのではなく、いまの高齢者が受け取っている社会保障給付とわれわれが高齢者になったときの社会保障給付があまりに違うことを批判しているのです」

それはそのとおりだ。

たとえば、「高額療養費制度」の上限額が２０２５年８月から引き上げられることが決まった【編集部注：２０２５年３月時点で凍結】。高額療養費制度というのは、医療費が高額になった場合、１カ月の医療費が上限額を超えるとその分が払い戻される制度だ。

病気の種類によっては、月額の医療費が数百万円に及ぶこともある。ふつうのサラリーマンにはとても負担できない金額だ。そんなときでも高額療養費制度のおかげで、保険診療の範囲内で治療を続ける限り、患者自身が負担する金額には上限が課せられる。とてもありがたい制度なのだが、厚生労働省は「若者の保険料負担を抑制する」という口実で、負担上限額を引き上げる。年収約370万円から770万円の人は、8100円引き上げられ、上限額が1カ月8万8200円程度になる。

また、2024年9月13日に閣議決定した「高齢社会対策大綱」には、75歳以上の後期高齢者のうち、医療費の3割負担を求める対象者を拡大する方針が明記された。これまで高齢者の窓口負担は医療費の1割というのが基本だったが、所得に応じて、2割負担、3割負担の層を作り、その比率をどんどん高めているのだ。

左ページの図を見ても明らかなように、年金給付がずるずると下がっていくなかで、社会保障負担だけは着実に増加してきているのだ。

こうなると、老後はずっと働き続けないと生きていけない。実際、有識者のなかには、高齢者の定義を65歳から75歳に引き上げようという声まで出てきている。

社会保障負担の変化

		消費税導入前（1988年度）		現在（2024年度）
医療	健康保険保険料率	8.30%	→	10.00%
医療	サラリーマン窓口負担	1割	→	3割
医療	後期高齢者医療保険料（月額）	なし	→	7082円
医療	後期高齢者の窓口負担	800円（外来・1ヵ月）	→	医療費の1割～3割
年金	厚生年金保険料率	12.4%	→	18.3%
年金	国民年金保険料（月額）	7700円	→	1万6980円
年金	厚生年金支給開始年齢	60~65歳	→	65歳
年金	国民年金満額給付（月額）	5万2208円	→	6万8000円
年金	国民年金満額給付（現在価値・月額）	6万1711円	→	6万8000円
福祉	介護保険料率（現役）	なし	→	1.6%
福祉	介護保険料（高齢者・月額）	なし	→	6225円
福祉	障害者福祉サービスの自己負担	応能負担（9割は無償）	→	1割負担（応能負担）

出典：『増税地獄』（森永卓郎、角川新書）をもとに最新数値に修正

もちろん生きがいや健康のために働き続けることはよいことだが、お金のためにやりたくもないブルシット・ジョブを続けざるをえない老後は、けっして幸福とはいえないだろう。

そうした暗い老後を見て、子どもを作るかどうか悩んでいる若いカップルはどう思うだろうか。

私なら、自分の子どもにそんなつらい老後を経験させたいとは思わない。

逆説的になるが、本当に少子化を防ぐ効果的な対策は、高齢者に明るい未来を用意することなのだ。もはや死語となりつつある定年後の「悠々自適」という選択肢を残していくことが必要だと私は考えている。

しかし、残念ながら、そうしたビジョンを語る政治家や官僚、評論家はほとんどいない。

少子化を止める3つの秘策

「〝未来の高齢者〟の処遇を悪化させない」ために一番確実な方法は、少子化を止めることだ。

社会保障の一番大きな特徴は、世代間の支え合いだから、少子化や高齢化がどんどん進む社会では、社会保障の維持が難しくなるのは誰が考えても明らかだろう。すでに世のなかには、少子化の進行を食い止めることにあきらめムードが漂ってさえいる。しかし、私は、以下に示す3つの対策を同時に実施すれば、早期に少子化の進行を食い止めることが可能だと考えている。

第一は、最低賃金の大幅な引き上げだ。

2024年10月に行なわれた衆議院選挙では、多くの政党が最低賃金の大幅引き上げを公約に掲げた。石破総理も自民党総裁選で、「2020年代に全国最低賃金を1500円に引き上げる」という公約をした。そうした動きに有識者の一部からは、「あまりに大幅な引き上げは不可能」という指摘もなされた。ただ、私は最低賃金の大幅な引き上げは十分可能だと考えている。

理由の1つは、日本の最低賃金が国際的に見ても低すぎることだ。日本の最低賃金は2024年の全国平均で時給1055円だが、ドイツ、イギリス、フランスの最低賃金は2000円程度だ。日本の最低賃金は先進国の半分の水準にとどまっているのだ。

もう1つの理由は、お隣の韓国が急激な引き上げを実際にやってきたことだ。韓国の最低賃金は、2013年には4860ウォンだったが、2023年には9620ウォンとなっている。10年間の年平均の引き上げ率は7％に達している。日本の最低賃金を5年間で1500円に引き上げるために必要な伸び率は年平均約7％なので、韓国の実績と同じだ。韓国にできて、日本にできない理由はどこにもないだろう。

私は、最低賃金の目標を1500円ではなく、世界標準の2000円に据え、そこまで毎年7％ずつ引き上げていけばよいと思う。

時給が2000円になれば、年間1500時間働くことで年収は300万円となる。夫婦で働けば600万円だから、非正社員でも結婚できる可能性が生まれてくるのだ。

第二の少子化対策は、消費税の撤廃だ。

「消費税は社会保障の財源となっているので引き下げはできない」という言い訳がよくなされる。

しかし、消費税は社会保障の目的税ではあるものの、社会保障に全額使用することが義務付けられる特定財源ではない。あくまでも消費税は一般財源だ。

そして、そもそも消費税を社会保障目的と位置付けたことが大きな間違いなのだ。その理由は企業負担にある。

健康保険や年金保険など、社会保険料の負担は原則として労使折半だ。つまり、働く人とその人を雇う企業が、社会保障を半分ずつ負担する仕組みになっている。

ところが、社会保障の財源を消費税に求めるということは、企業が社会保障の負担を一切せずに、すべてを働く人に押し付けることになる。

消費税は、消費者、つまり労働者が支払うものだからだ。こうした極端に不公平な社会保障財源の確保策はそもそも許されるべきではない。

消費税の第二の問題は、逆進性だ。

消費税は、所得の少ない人ほど、収入に対する税の負担が重くなる。低所得者は収入に占める消費の割合（消費性向）が高いため、所得が低い人ほど収入に対する消費税負担の割合が高くなるのだ。

高所得者はモノやサービスを多く買うので、消費税負担の実額は大きい。そのことをもって、「消費税は金持ち優遇ではない」と主張する人もいるが、それは間違いだ。

世帯年収別の消費税負担（税率10%の場合）

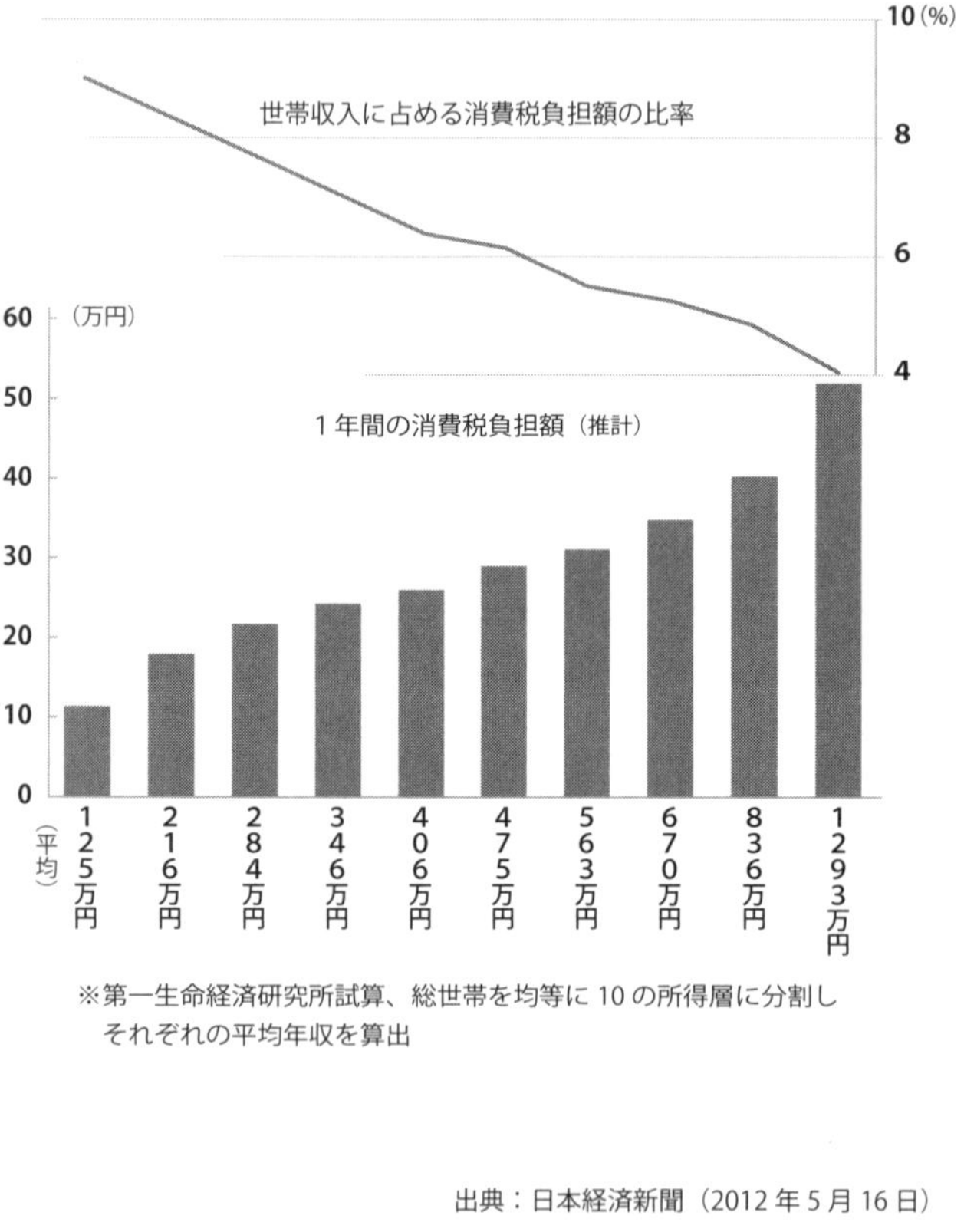

※第一生命経済研究所試算、総世帯を均等に10の所得層に分割し
それぞれの平均年収を算出

出典：日本経済新聞（2012年5月16日）

あくまでも「実質税率」がどうなっているかが重要なのだ。

右の図を見ると明らかなように、収入に対する消費税負担の比率（実質税率）は、年収125万円の世帯が9％程度であるのに対して、年収1293万円の世帯は4％程度と、半分以下にすぎない。これは誰がどう考えても、不公平な税制といえるだろう。

このことを裏返せば、消費税を撤廃すれば、その恩恵は低所得層に集中して現れることになる。

消費税の第三の問題は、富裕層の一部は、そもそも消費税を支払っていないことだ。富裕層のほとんどは、会社の役員をしているか、自分の会社を持っている。彼らは、会社の「経費」で生活している。

移動するのは社有車で、運転手は会社が雇用している。航空券も新幹線のグリーン券もすべて会社の経費だ。それどころか、都心のホテルには年間契約した専用の部屋を持ち、そこでのクリーニング代やケータリング代もすべて会社の経費だ。さらに、銀座のクラブでの飲食代や仲間とのゴルフ代など、1日の暮らしのほぼすべてが会社の経費でまかなわれる。

消費税には、「仕入れ控除」という仕組みがあって、会社の経費で支払った消費税は、確定申告の際、全額が戻ってくる。それが富裕層にとっての消費税の位置づけなのだ。富裕層が消費税増税に寛容なのは、「自分たちがほとんど負担しない」ことがわかっているからだ。

少子化を止める第三の手段は、ベーシックインカム（ＢＩ）の導入だ。

ベーシックインカムとは、所得や年齢などにかかわらず、すべての国民に政府が一律の給付金を毎月与え続ける制度だ。

たとえば、毎月４万円のベーシックインカムを給付する場合、夫婦のみ世帯で月額８万円、４人家族だと毎月16万円のベーシックインカムがまるまる手取り収入として入ってくる。

「そんなことをしたら、誰も働かなくなってしまうではないか」という批判があるが、間違いだ。

ベーシックインカムは、これまで世界中で社会実験が行なわれてきたが、その実験の結果、「ベーシックインカムは就業意欲を阻害しない」ということがわかっている。とはいえ、働き方がまったく変わらないわけではない。ベーシックインカムが導入されると、多くの人が「自分がやりたい仕事」をするようになるのだ。最低限の生活がBIで保障され、カネのために働く必要がなくなるのだから、当然のことだ。

これまで述べた

①最低賃金の大幅引き上げ
②消費税の撤廃
③BIの導入

この3点セットの政策を、私は頭文字を取って「さしB」と呼んでいる。「さしB」の効果をまとめると、

・ブルシット・ジョブからの解放が進む
・高齢期の生活不安が大幅に減少する
・世代間の不公平をかなりの程度解消できる
・低所得層を中心に結婚が可能になる所得が保障される

この4つの効果が一気に進むことになり、少子化の進行にもブレーキをかけられる

はずだ。

問題は、この「さしB」の実現にどれだけのコストがかかるのかということだ。

"さしB"の導入コストを検証する

ここで「さしB」の導入がどれだけの財政負担になるのかを、大雑把に計算してみよう。

まず、①の最低賃金の大幅引き上げに財政負担はない。

続く、②の消費税の撤廃に関しては、2025年度予算の政府案での税収見込みが国税で25兆円だから、地方消費税も含めて30兆円と見ておこう。
③のBIの導入費用は、
4万円×12カ月×1億4000万人＝67兆2000億円
ということになる。
②と③を合わせて、およそ100兆円の費用が毎年かかってくるということだ。
そんな巨大なコストが負担できるわけがない。そう思われるかもしれない。

しかし、このまま少子化を放置すれば、日本経済はゼロ成長から脱却できない。現にこれまでの30年間、日本経済はほとんど成長できなかった。

「さしＢ」の導入で経済成長率が３％に上がり、税収弾性値（経済が１％成長すると、何％税収が増えるのかという数値）を１・５と想定すると、「さしＢ」導入19年後には、税収が１０３兆円増える。つまり、「さしＢ」導入費用は税収増で完全にまかなえる計算になる。

問題は、それまでの税収不足にどう対応するかだが、その間は国債を増発して、すべて日銀に買わせればよい。

日銀が国債を持ち続けてくれれば、政府は元本返済の必要がないし、日銀の保有する国債に支払う金利は、国庫納付金として戻ってくるから、利払いの負担もない。

すでにアベノミクスでは、毎年80兆円のペースでこの施策を実行しており、実現可能性という意味でもまったく問題はないのだ。

財務省が進めてきた超緊縮政策で、日本の財政は世界一健全になっているからこそできる政策だ。やらない手はないだろう。

世代間格差を一瞬で消すウルトラC

じつは、年金に関しては、ほかにも世代間格差を一気に解消するウルトラCが存在する。年金積立金の活用だ。

現在、年金積立金管理運用独立行政法人（ＧＰＩＦ）は、２５０兆円ほどの積立金を持っている。そのうち半分が内貨、半分が外貨であり、それぞれについて半分が株式、半分が債券という４分の１ずつの投資が行なわれている。

この積立金は、将来の年金財政ひっ迫に備えて、現在、取り崩しは行なわれていない。

この資金を使って、「ギャンブル」に出るのだ。

いま世界は人類史上最大のバブルに沸いている。そのバブルは、近いうちに必ずはじける。

バブル崩壊の兆候が出た瞬間に、積立金をすべて株式の売りに投じるのだ。半分は手持ちの株を売り、残り半分は債券を担保に空売りをかける。

２５０兆円の売りが入ってくれれば、株式市場は大暴落になるだろう。数年もおかずに株価は10分の１になるはずだ。１９２９年の世界恐慌の際に、ニューヨークダウは10分の１になったから、同じことが起きると想定できる。

そして、株価が10分の１になったところで２５０兆円の資金をすべて株式投資に振り向ける。

株価が元に戻れば、２５０兆円の積立金は２５００兆円になる。現在の年金給付総額は56兆円だから、積立金は45年分の給付をまるまるまかなえる規模になる。

その積立金を年金財政の悪化に応じて取り崩していけば、年金給付の減額も、保険料の上昇も、１００年以上回避することが可能になる。まさに「１００年安心プラン」になるのだ。

もちろん株式投資はギャンブルだから、予想どおりにはいかない。株価が10分の１に下がる保証はないし、元に戻る保証もない。

ただ、年金積立金を一気に増やすチャンスが来ていることは間違いないし、２５０兆円の積立金といっても、その過半は、最近の株式バブルで作られたあぶく銭だ。それを考えたらリスクをとってもよいのではないか。

そもそも、GPIFがやっている4分の1ずつの投資というのは、小学生が考えるポートフォリオだ。そんなバカげた運用をしながら、金融の専門家として高い報酬を得ていることが私には理解できない。

金融の専門家なら、はるかに高い利回りを獲得できるはずだし、海外の私的年金は高利回りを実際に実現している。

リスクをとらずに安全運転に終始するGPIFこそ、いまの日本をダメにしている最大の「保身者」なのかもしれない。

あとがき――われわれはどう行動すべきか

最近、とても気になっていることがある。

それは2025年が「グレート・リセット」の入り口になると主張する有識者がとても多いということだ。

これまでの歴史とは非連続となるような大きな構造転換が起き、経済社会の仕組みが根本から変わってしまう。それは経済の専門家だけでなく、安全保障、環境、災害、国際政治など、あらゆる分野の専門家が言い始めた予言なのだ。

私自身も、経済・社会のグレート・リセットは起きると考えている。

これまでの保身による問題先送りはすでに限界に達し、社会全体がいつ音を立てて崩れるかわからないところまで追い込まれているからだ。

経済分野でいえば、これまで半世紀にわたって世界を支配してきたグローバル資本主義が終焉を迎えるだろう。

そのきっかけが、自然災害によるものなのか、戦争によるものなのか、トランプ大統領が主導する新しい国際秩序によるものなのか、バブルの崩壊によるものなのかは断定できない。ただ、現状のシステムがこの先、長く続かないことだけは確実だと思う。

そして、そうなる以上、私は現状を守ることよりも、むしろ崩壊を促進して、グレート・リセット後の経済社会の基盤を作る行動に出るべきだと考えるようになった。「あとがき」に代えて、ここでは、われわれが今後どう行動すべきなのかを整理していこう。

テレビを見ない、新聞を読まない ——グレート・リセットのために❶

本書で繰り返し述べてきたように、すでに大手テレビや大手新聞は、権力の監視という本来の役割をかなぐり捨てて、財務省や大手スポンサーに忖度するコンテンツを垂れ流し続けている。

であるなら、テレビの報道・情報番組を見ても意味はないし、それを視聴し続けることは誤った事実認識を植え付けられるという意味でむしろ有害だ。

新聞も同様で、大手新聞の論評はすでに権力への忖度の塊になっている。

もちろん、東京新聞の望月衣塑子《いそこ》記者や産経新聞の田村秀男記者など、ジャーナリスト本来の活躍をしている記者もいる。彼ら彼女らの記事は読む価値があるが、大手新聞にはそうした記事がほとんどなくなってきている。

では、われわれはどこに情報源を求めればよいのか?

私が一番期待しているのは、ラジオだ。

私は『ザイム真理教』と『書いてはいけない』という2冊の書籍の出版を大きな原因として、テレビの報道・情報番組から完全に干されてしまったが、幸いにも5本あるラジオのレギュラー番組はすべて継続している。ラジオでは、それだけ言論の自由が守られているということだ。

ラジオが私の言論を支持するような形に偏っているわけではない。私と正反対の意見を持つコメンテーターもたくさん登場して、多様な見立てを紹介している。多様な論点を提供するのは、放送メディアの本来のあり方であり、放送法にもそうすべきと規定されている。

テレビやラジオにくらべて、書籍やネットメディアもケタ違いの自由度がある。ただ、それらのメディアは玉石混淆だ。どれが正しい主張をしているのかを見分けるには、それなりの目利きが必要になる点は注意してほしい。

価格弾力性を高める——グレート・リセットのために❷

「消費者」としてやるべきことは、価格弾力性を高めることだ。

流行やCMに惑わされず、自分の目で商品の価値を見極め、同じモノやサービスなら、1円でも安い商品を、一番安い店で買うのだ。

企業の浮利《ふり》追求を押しとどめ、実質的な労働者の所得を増やすもっとも確実な手段は、われわれが厳しく、賢い消費者になることなのだ。

価格弾力性を高めるための必要条件は、大都市を捨てることだろう。

すでに大都市中心部からは、「安い店」が消滅しかかっている。

われわれが価格弾力性を高めることは、お手頃な価格で庶民の生活を懸命に支えている企業を守ることにもつながるのだ。

働かない――グレート・リセットのために❸

われわれが「労働者」としてやるべきことは、「働かない」ことだ。

勤労そのものを放棄せよというのではない。資本家を利するブルシット・ジョブに巻き込まれるのはやめようということだ。

いま、人口減少社会のなかで、政府や資本家は国家総動員といってもいいほど、国民全員を低賃金・マニュアル労働に誘導しようとしている。そこから逃れるのだ。

まず、年収の壁が引き上げられたからといって、安易にパートやアルバイトの労働時間を増やしてはいけない。

労働時間を増やすと、税金は取られなくても、年収の30%というとてつもない社会保険料を取られることになってしまい、それを取り返すためにさらに労働時間を増やす羽目になるからだ。

正社員として働くサラリーマンが取るべき戦略は「面従腹背《めんじゅうふくはい》」だ。

上司から理不尽な命令をされても、「承知いたしました」と表面的にはすべて受け止め、実際は何もせずに、形式的な要件だけを満たした成果をアウトプットする。すでに多くの公務員がやっていることだから難しいことではないだろう。

さらに高齢の労働者は、60歳の定年と同時に会社をさっさと辞め、悠々自適の老後生活に入ろう。まだ体力が十分残されているから、人生の終末期を謳歌できること請け合いだ。

私は、究極の目標は「住民税非課税世帯」を目指すことだと思う。

単身者の場合、年収１００万円以下、65歳以上の年金生活者は年収１５５万円以下なら、所得税・住民税がゼロになる。社会保険料もゼロか低額になる。

一方、医療や介護のサービスを受ける際の自己負担は低率になり、さまざまな給付制度や臨時給が受けられる。

もともと「所得がない」ことが住民税非課税の条件なのだから、いくら財務省が強欲でも、ここに増税や増負担をすることは極めて困難なのだ。

住民税非課税で暮らすには、重要な必要条件がある。

それは、大都市以外に生活基盤を作ることだ。そうすれば、暮らしを守るために無理をして働くという選択の代わりに、生活コストを下げるという選択肢を得ることができる。

私がずっと推奨している大都市中心部から90〜120分ほど離れた地域で暮らせば、生活コストは激減する。

コロナ禍以降に私が行なった一人社会実験によると、30坪の農地で畑作をして、電気は太陽光パネルで自給するようにすれば、家族3人の生活費は月10万円を下回る。

そうすれば、カネのために働くという呪縛から解放されるのだ。

投資をしない——グレート・リセットのために❹

われわれが「貯蓄者」としてやるべきことは、少なくともいまは絶対に投資をしないということだ。

政府やメディアや〝金融村〟が旗を振る「貯蓄から投資へ」という掛け声にだまされ、いま毎月1兆円のペースで、新NISAを活用した投資が進んでいる。

しかし、現在、世界で起きていることは、人類史上最大のバブルであり、そう遠くない将来にそのバブルは崩壊する。バブルが崩壊すれば、投資資金の価値は10分の1

以下に下落するだろう。老後のためにと営々と貯めてきた資金が溶けてなくなるのだ。

いまはコンピュータの指示にもとづく取引が主流になっているから、バブル崩壊が始まると、それこそ秒単位でプロの資金は逃げていく。最終的にババを引くのは、フットワークの悪い一般投資家になるのだ。

そのことをこの数年私はずっと警告し続け、『投資依存症』（三五館シンシャ）という書籍も出版した。

しかし、私の警告はいま猛烈な非難にさらされている。

「長期、分散、積立という原則を守れば、株式時価総額は短期的なアップダウンがあっても、必ず右肩上がりで成長していくのだから、投資をしない手はない」

これが金融村の主張だ。

だが、グレート・リセットは、資本主義が終わるということだ。

株価は、未来永劫戻らない可能性も高い。

それでも、この点の理解を得ることは難しいと最近、強く実感している。

2024年に大流行したSNS型投資詐欺で、もっとも多く名前を悪用されたのが私だった。

だから、私は300人以上の詐欺被害者と事後処理のためにコンタクトしてきた。私がやりとりした被害者の人たちの態度や言動は、いま投資で生活を豊かにしようと考えている人たちのそれと瓜二つなのだ。

だまされている人に「あなたはだまされていますよ」と説得するのはとても難しい。ただ、私にはほかに方法がない。いま新NISAを使って投資をしている人に何度でも声を大にして繰り返し伝えたい。

「あなたはだまされていますよ」

「面従腹背」で、選挙で鉄槌——グレート・リセットのために❺

日本経済を30年にわたって、自らの保身のために低迷させた政治家と財務省に鉄槌を下す唯一の方法は、国民一人一人が持つ選挙権の行使だ。

そのために反緊縮の仲間を募って、それを大きな運動に広げていくべきだという意見があちこちで高まっている。

そうしたやり方を否定するわけではないが、私は推奨しない。

まとまればまとまるほど、権力者にとっては一網打尽にするチャンスが増えるからだ。また、一枚岩になろうとすればするほど、内部に亀裂が入って内輪もめが起きる。

私は、強い権力とのもっとも効果的な対決手法は、ゲリラ戦だと考えている。ふだんはなんの意見も言わず、従順な住民を装って、選挙のときだけ真剣に候補者を選別して、国民生活を最優先させる政治家に投票する。これにより保身を図る政治家を政治の舞台から引きずり下ろすのだ。

その際、候補者の所属する政党で選んではならない。自民党のなかにも緊縮派と反緊縮の議員がおり、それは野党各党も同じだからだ。なお、自民党だと、「責任ある積極財政を推進する議員連盟」に所属している議員は反緊縮派だ。野党の場合はわかりにくいのだが、自分の選挙区の候補者について、過去の言動や政策提言を見てみれば、正体はわかるだろう。それでもわかりにくければ、簡単な踏み絵を踏ませればよい。「消費税を下げるべきだと思いますか？」という質問だ。

２０２４年12月に行なわれた新聞各紙の世論調査の政党支持率では、大手新聞すべてで増税派の立憲民主党を、減税派の国民民主党が上回った。

国民生活の疲弊は、財務省のやってきた増税正当化戦略が通用しなくなるほど、潮目を変えてしまったのだ。

実際、財務省への批判がXの公式アカウントで急増している。リプライ（返信）は、衆議院選挙前とくらべて15倍以上に増え、そのほとんどが「財務省解体」「ザイム真理教」など同省を批判する内容だったという。

潮目が変わったことに、私がどれだけ貢献できたのかはわからない。それでも、ずっと緊縮財政の批判を続けてきた私にとって、世論の変化は喜ばしいことだ。あきらめてはいけないのだ。

その意味で、日本にはびこる保身を、いまこそ徹底的に打ち壊していかなければならないと私は考えている。

われわれに残された重要な役割

グレート・リセット後の経済社会に向けて、私はグローバル資本主義の真逆のトレンドが生まれると考えている。

①グローバルからローカルへ
②大規模から小規模へ
③中央集権から分権へ
④大都市一極集中から地方分散へ

この4つの変化だ。

そうした変化の先にある経済社会は、小さなクラスターが無数にできて、そのなかで経済が循環する形になる。インド建国の父であるマホトマ・ガンディーが提唱した「近隣の原理」に沿った経済社会だ。

近くの人が作った食品を食べ、近くの人が作った服を着て、近くの大工さんが作った家に住む。そうした経済社会に転換すれば、貧困や格差は大きく改善し、地球環境を守ることにもつながるだろう。

ただ、それはあくまで私がイメージしているグレート・リセット後の社会だ。いま多くの識者がさまざまなグランドデザインを示して、百家争鳴《ひゃっかそうめい》の状態になっている。誰も、グレート・リセット後の経済社会を見たことがないので、それは当然のことかもしれない。

そして、新しい経済社会のグランドデザインは、その時代を生きていく若者にまかせればよいのではないかと、いま私は考えている。

それでも、われわれには重要な役割が残されている。それは「保身社会」という遺品を整理し、部屋をきれいにして若者たちに手渡すことだ。

そうしないと、若者たちが新しい経済社会のグランドデザインを自由に描くことができない。

私自身は、そのために戦い続けるし、読者のみなさんも、自分のできる範囲で保身の一掃に向けて歩み始めていただければ、著者としてこれほど嬉しいことはない。

２０２５年１月

森永 卓郎

編集部より

きっかけは2023年2月、森永さんからの唐突なメールだった。

「じつはお願いがありまして――」

この時点で、私は森永さんと一面識もない。

数カ月前に刊行した『メガバンク銀行員ぐだぐだ日記』を雑誌「AERA」（2022年11月7日号）で書評してくれ、それに御礼のメールを送っていた。それだけの関係なのに、なんのお願い？

メールはこう続く。

「正直に言うと、××社と××出版と××書店（以下略。社名自粛）に出版を断られた原稿があります。財務省が怖くて出せないと言うのです」

「ザイム真理教」と銘打たれた原稿を当日中に読み、刊行を決めた。

ただ、「ザイム真理教」ってタイトル、読者に伝わるだろうか。ちょっと迷いはあったが、代替案も浮かばないし、森永さんの推す原案でいいか。初版７０００部。1~2回重版がかかって、まぁ1万部くらいは行くかもしれない（行けばいいなぁ）。

私の読みは完全に外れた。

２０２３年5月に刊行された『ザイム真理教』は年内に10万部を超えた（２０２５年3月現在26万部）。

そこからは祭りのような日々だった。

その年末に末期がん宣告を受けながら書きあげた『書いてはいけない』を２０２４年2月に刊行。同年6月に『がん闘病日記』、9月に『投資依存症』、11月に『官僚生態図鑑』と、1年半のあいだに5つの作品に連続して携わった。人生に思い残すこと、やり残すことがあってたまるかと言わんばかりの執筆活動だった。

２０２５年1月初旬、本作『保身の経済学』の第一稿が届く。その後、こちらから加筆・修正の要望を出し、それに応えた修正原稿が到着。同時に、ＣＴ検査の結果が思わしくないという報告が添えられていた。

1月21日、「来週、ゲラ（校正刷り）を出します」とメールを送信。

1月28日夜、報道で訃報を知る。

翌29日、『保身の経済学』のゲラ出稿。送るべき人はもういない。祭りは唐突に終わったのだ。

本作は森永さんの遺作である。

「年収の壁」「高額療養費制度」などについては時々刻々と状況が変化しているものの、原則的に2025年1月時点のものを尊重した。

タイトルは……相談する時間がなかった。

森永さん、ご提案のとおりでまいります。

2025年3月

三五館シンシャ　中野長武

森永卓郎◉もりなが・たくろう
1957年、東京都生まれ。経済アナリスト、獨協大学経済学部教授。1980年、東京大学経済学部を卒業後、日本専売公社（現・JT）に入社。予算を握る大蔵省（現・財務省）の「奴隷」だった経験をもとに、カルト化する財務省を描いた『ザイム真理教』が26万部のベストセラーに。次いで四半世紀のメディア活動で見聞きした〝3つのタブー〟に斬り込んだ『書いてはいけない』が33万部を超えるヒット。「ステージ4」のがん告知からの顛末と死生観を描いた『がん闘病日記』、投資熱に浮かされる日本人への警告書『投資依存症』、エリート官僚の知られざる生態に迫る『官僚生態図鑑』を刊行。2025年1月28日、永眠。本書は、逝去1週間前まで筆をとり続けた遺作である。

保身の経済学

二〇二五年　四月一二日　初版発行

著　者　森永卓郎
発行者　中野長武
発行所　株式会社三五館《さんごかん》シンシャ
〒101-0052
東京都千代田区神田小川町2-8　進盛ビル5F
電話　03-6674-8710
http://www.sangokan.com/
発　売　フォレスト出版株式会社
〒162-0824
東京都新宿区揚場町2-18　白宝ビル7F
電話　03-5229-5750
https://www.forestpub.co.jp/
印刷・製本　モリモト印刷株式会社

ISBN978-4-86680-945-8

26万部突破
ザイム真理教
大手メディア黙殺中のベストセラー
「消費税引き下げなんて無理でしょ…」
——そんなあなたの洗脳を解除する本
それは信者8000万人の巨大カルト
財務省
自公政権は財務省の傀儡となった！
森永卓郎
イラスト：大嶋奈都子
定価：1540円（税込）
三五館シンシャ 〒101-0052 東京都千代田区神田小川町 2-8 http://www.sangokan.com/
発売 フォレスト出版 〒162-0824 東京都新宿区揚場町2-18

33万部突破
書いてはいけない
日本経済墜落の真相
2023年12月、ステージ4のがん告知を受けた。
「命あるうち、この本を完成させ、世に問いたい」
その瞬間、私はそれだけを考えた。
森永卓郎
もくじ
第1章　ジャニーズ事務所
第2章　ザイム真理教
第3章　日航123便はなぜ墜落したのか
第4章　日本経済墜落の真相
定価：1650円（税込）